— 스크린 영어 리딩 —

번역·해설 **박민지**

📖 원서가 술술 읽히는 단어장

p14

- ☐ light year 광년
- ☐ flee 달아나다, 도망치다
- ☐ rebellion 반란, 폭동
- ☐ desolate 황량한, 적막한
- ☐ ritual 의례, 의식 절차
- ☐ combat 전투, 싸움
- ☐ for the sake of ~을 위해서
- ☐ cosmic 우주의, 어마어마한, 장대한

p16

- ☐ entertainment 오락, 기분전환
- ☐ destruction 파괴
- ☐ goddess 여신
- ☐ realm 왕국
- ☐ thereby 그렇게 함으로써, 그것 때문에
- ☐ usher 예고하다, 인도하다, 안내하다
- ☐ prophesy 예언하다, 예측하다
- ☐ warning 경고, 주의
- ☐ refugee 난민, 망명자
- ☐ hover (허공을) 맴돌다, 방황하다
- ☐ ablaze 불길에 휩싸인
- ☐ blink (불빛이) 깜박거리다, 눈을 깜박이다
- ☐ fail 고장나다, 실패하다
- ☐ plead 애원하다, 간청하다
- ☐ beg for mercy 자비를 빌다
- ☐ vessel 대형 선박, 배, 비행선, 그릇, 용기
- ☐ assault 공격하다, 습격하다

- □ **life support** 생명 유지 장치, 생명 유지를 위한
- □ **request** 요청하다, 요구하다
- □ **aid** 지원, 원조
- □ **within range** ～이 닿는(보이는, 들리는) 거리 내의
- □ **responsible for** ～에 책임이 있는
- □ **dwarf** 난쟁이, (대조적으로) ～을 작아 보이게 하다
- □ **menacing** 위협적인, 해를 끼칠 듯한
- □ **curved** 곡선의, 약간 굽은
- □ **envelop** 감싸다, 뒤덮다
- □ **colossal** 거대한, 엄청난

p18

- □ **galactic** 은하계의
- □ **mad** 미친, 정신 나간
- □ **crew** 승무원, 선원
- □ **be made up of** ～로 구성되다
- □ **soldier** 군인, 병사
- □ **craft** 공예, 기술, 술책, 선박, 비행기, 우주선
- □ **aboard** 탑승한, 승선한
- □ **emerge** 나오다, 모습을 드러내다
- □ **flat** 평평한, 납작한
- □ **elongated** 길쭉한, 가늘고 긴
- □ **sunken** 움푹 들어간, 퀭한
- □ **rarely** 드물게, 좀처럼 ～하지 않는
- □ **tuft** (머리카락, 턱수염, 실 따위의) 작은 술, 다발, 뭉치
- □ **stroll** 거닐다, 산책하다
- □ **robe** 옷, 의복, 예복, 가운
- □ **trim** 장식, 테두리, 잘라 내다
- □ **fingertip** 손가락 끝
- □ **pale** 창백한, 창백해지다
- □ **wrinkled** 주름이 있는
- □ **unnervingly** 용기를 잃게 하여

- ☐ **soothing** 달래는, 위로하는
- ☐ **chaos** 혼돈, 혼란
- ☐ **privilege** 특권, 특혜
- ☐ **step over** (장애물)을 넘다, (금기)를 범하다
- ☐ **wounded** 부상을 입은, 다친
- ☐ **suffering** 고통, 괴로움

p20

- ☐ **grunt** 끙 앓는 소리를 내다, 꿀꿀거리다
- ☐ **bruised** 멍든, 상처를 입은
- ☐ **deck** 갑판, 바닥, 층
- ☐ **collapse** 무너지다, 붕괴되다, (의식을 잃고) 쓰러지다
- ☐ **mentally** 정신적으로, 마음속으로
- ☐ **All-father** 최고신, 하느님
- ☐ **bear** 견디다, 참다
- ☐ **horror** 공포, 경악
- ☐ **heaven** 하늘, 천국
- ☐ **salvation** 구원
- ☐ **march** 행진, 행군하다, 진격하다
- ☐ **sibling** 형제자매
- ☐ **raise** 키우다, 들어올리다
- ☐ **assist** 돕다, 조력하다
- ☐ **on a mission** 사명을 띠고
- ☐ **disciple** 제자, 신봉자, 문하생
- ☐ **fathom** (의미 등을) 헤아리다, 가늠하다
- ☐ **deep-set eyes** 움푹 들어간 눈
- ☐ **glower** 노려보다, 쏘아보다
- ☐ **staff** 지팡이, 직원
- ☐ **crackle** 치직 소리를 내다, 금이 가다
- ☐ **snarl** 으르렁거리다
- ☐ **frame** 골격, 뼈대
- ☐ **dominate** 지배하다, 군림하다

4

- ☐ **deadly** 치명적인, 생명을 앗아가는, 극도의
- ☐ **scaly** (껍질, 피부가) 비늘로 뒤덮인, 비늘 모양의
- ☐ **bony** 뼈가 다 드러나는, 앙상한

p22

- ☐ **ridge** (산등성이처럼) 길쭉하게 솟은 부분
- ☐ **strike fear into someone** ~에게 공포심을 불어넣다
- ☐ **survivor** 생존자, 살아남은 사람
- ☐ **dare** ~할 엄두를 내다, ~할 용기가 있다
- ☐ **look upon** 구경하다, 지켜보다
- ☐ **lithe** 유연한, 나긋나긋한
- ☐ **elf** 요정
- ☐ **double-ended** 양쪽으로 사용할 수 있는
- ☐ **spear** 창
- ☐ **trio** 3인조
- ☐ **prisoner** 포로, 죄수
- ☐ **briefly** 잠시, 간단히
- ☐ **rule** 다스리다, 통치하다
- ☐ **perish** (끔찍하게) 죽다, 소멸되다
- ☐ **universal** 우주의, 만물의, 일반적인
- ☐ **tip** 기울이다, 기울어지다
- ☐ **sacrifice** 희생
- ☐ **gravely** 근엄하게, 진지하게, 중대하게
- ☐ **soften** 부드럽게 하다, 누그러지다, 약해지다
- ☐ **aside** 옆쪽에, 떨어져서, 한쪽으로
- ☐ **figure** 인물, 수치, 숫자
- ☐ **loom** 어렴풋이 보이다
- ☐ **hued** (보통 복합어를 이루어) ~색조의, 빛깔이 ~인
- ☐ **armor** 갑옷
- ☐ **helmed** 투구를 쓴 모습으로 그려져 있는
- ☐ **reveal** 밝히다, 드러내다
- ☐ **dispassionate** 감정에 좌우되지 않는, 냉정한, 공평한

- □ gleaming 빛나는, 환한
- □ forge (금속을) 벼리다, 구축하다
- □ knuckle 손가락 관절(마디)

p24

- □ hold 소유하다, 잡고 있다, 쥐다
- □ already 이미, 벌써
- □ possess 소유하다, 보유하다, 지니다
- □ glow 불빛, 빛나다
- □ pulse 맥박, 고동치다, 활기가 넘치다
- □ flex (관절을) 구부리다, 몸을 풀다
- □ fist 주먹
- □ firmly 단호히, 확고히
- □ grasp 꽉 잡다, 움켜잡다
- □ battered 심한 공격을 받는, 구타당한, 낡은
- □ ruler 지배자, 통치
- □ gravelly (목소리가) 걸걸한
- □ measured 신중한, 침착한
- □ desperately 필사적으로, 절망적으로
- □ nonetheless 그럼에도 불구하고
- □ frightening 무서운, 겁나는
- □ dread 두려워하다, 무서워하다, 걱정하다
- □ destiny 운명
- □ spit 침을 뱉다, (폭언 등을) 내뱉다
- □ matter-of-fact 사무적인, 평범한, 무미건조한
- □ assume 추정하다, 추측하다
- □ preference 선호
- □ mischief 장난, 나쁜 짓
- □ daring 대담한, 위험한, 대담성

p26

- □ instantly 즉시, 즉각

- searing 타는 듯한
- flesh 피부, 살
- swallow 삼키다, (감정을) 억누르다
- echo (소리가) 울리다, 메아리치다
- throw up one's hands 포기하다, 단념하다, 손들다
- dull 약해지다, 둔해지다, 둔탁한
- grip 움켜잡다, 움켜쥐다
- vice 악, 악덕
- cough 기침하다
- expectant 기대하는
- half-brother 이복 형제
- cube 정육면체
- appear 나타나다, 출현하다
- flare 확 타오르다
- confident 확신하는, 자신감 있는

p28

- halt 멈추다, 서다, 정지하다
- step away 물러나다
- optimism 낙관론, 낙천주의
- misplace 잘못 두다, (말, 행동의) 초점이 어긋나다
- cocky 자만심에 찬
- dive 뛰어들다, (무엇을 피하기 위해) 급히 움직이다
- free 자유로운, 무료의, 풀어주다, 석방하다
- pair 두 사람, 한 쌍
- sunk in (말 등이) 충분히 이해되다
- literally 말 그대로, 문자 그대로
- charge 요금, 고발, 책임, 돌격하다
- leap 뛰어오르다, 뛰다
- slam 쾅 닫다, 세게 밀다
- crumble 무너지다, 흔들리다
- collide 충돌하다

7

- □ **audible** 들리는, 들을 수 있는
- □ **battle-cry** (전쟁터에서의) 함성

p30

- □ **bound** 뛰다, 튀어오르다
- □ **stun** 기절시키다, 깜짝 놀라게 하다
- □ **waylay** (공격을 가하기 위해) 불러 세우다, 습격하다
- □ **foe** 적, 적군, 원수, 반대자
- □ **blow** 강타, 충격
- □ **distress** 곤경, (정신적) 고통
- □ **intercept** (중간에) 가로막다, 가로채다
- □ **massive** 엄청나게 큰, 거대한
- □ **strength** 힘, 기운, 세력
- □ **brute** 짐승, 야수
- □ **knowingly** 다 알고 있다는 듯이, 고의로
- □ **block** 막다, 차단하다
- □ **howl** 울부짖다
- □ **daze** 멍하게 하다
- □ **hoist** 들어올리다
- □ **swift** 신속한
- □ **wicked** 사악한, 못된
- □ **grin** (소리없이) 활짝 웃음, 싱긋이 웃다
- □ **painfully** 고통스럽게, 극도로
- □ **destructive** 파괴적인

p32

- □ **retaliate** 보복하다
- □ **pivot** (축을 중심으로) 회전하다, 돌다
- □ **squarely** 똑바로, 정면으로, 곧바로
- □ **chest** 가슴, 흉부
- □ **twisted** (형체가) 뒤틀린, 일그러진
- □ **wreckage** 잔해, 파편

8

- □ limp 축 늘어진, 기운이 없는
- □ telekinesis 염력
- □ bind 묶다
- □ sword 검
- □ slightly 약간, 조금
- □ elevated 높은, 고상한
- □ raspy 삐걱거리는, 귀에 거슬리는, 목이 쉰 듯한
- □ prayer 기도, 기도문
- □ gasp 숨이 턱 막히다
- □ hilt (칼, 검 등의) 자루
- □ palm 손바닥
- □ react 반응하다
- □ blaze 불길, 활활 타다
- □ jade 선명한 녹색
- □ behemoth 거대 조직체, 거인, 거대한 것, 강력한 것
- □ vanish 사라지다, 없어지다
- □ arc 활 모양을 그리다, 호를 그리다
- □ travel 이동하다, 여행하다

p34

- □ aware 알고 있는
- □ glare 노려보다, 쏘아보다
- □ judge 판단하다, 추정하다
- □ villain 악당, 악인
- □ keeper 지키는 사람, 관리인
- □ mistake 실수, 잘못
- □ cruel 잔인한
- □ plunge 거꾸러지다, 급락하다
- □ widen 넓히다, 커지다, 확대하다
- □ seep 스미다, 배다, 침투하다
- □ metallic 금속으로 된
- □ restraint 규제, 통제, 제한, 안전벨트

- ☐ **furious** 격노한, 몹시 화가 난
- ☐ **rattle** 겁먹게 하다, 달가닥 거리다
- ☐ **rage** 격렬한 분노
- ☐ **mighty** 강력한, 힘센
- ☐ **wrist** 손목, 팔목
- ☐ **salvage** 구조, 구출, 인양
- ☐ **muffle** (소리를) 죽이다, 약하게 하다
- ☐ **snide** 헐뜯는, 교활한, 가짜의
- ☐ **calmly** 태연하게, 침착하게, 고요히

p36

- ☐ **awestruck** 경이로워 하는
- ☐ **mere** 겨우 ~의, 단지 ~만의
- ☐ **whisper** 속삭임, 소문, 속삭이다
- ☐ **submit** 제출하다, (굴복하여) ~하기로 하다
- ☐ **adoptive** (부모나 가족이) 입양으로 맺어진
- ☐ **humble** 미천한, 겸손한
- ☐ **personage** 저명 인사, 유명 인사
- ☐ **grandeur** 장엄함, 위엄
- ☐ **reverence** 숭배
- ☐ **spindly** 가늘고 긴, 허약한, 막대기 같은
- ☐ **nobility** 귀족, 고귀함, 고귀함
- ☐ **wield** (무기, 도구를) 휘두르다
- ☐ **servant** 신하, 하인
- ☐ **suddenly** 갑자기, 불현듯
- ☐ **shatter** 산산조각 나다, 파괴하다
- ☐ **brilliant** 눈부신, 멋진
- ☐ **shard** (유리, 금속 등의) 조각, 파편
- ☐ **gleam** 희미하게 빛나다
- ☐ **oval** 타원형의
- ☐ **pure** 순수한
- ☐ **dawn** 새벽

10

- □ **radiant energy** 복사 에너지, 방사 에너지
- □ **voice** 목소리, 음성
- □ **deftly** 능숙하게, 교묘히
- □ **thumb** 엄지손가락
- □ **index finger** 집게손가락
- □ **vibrate** 진동하다, 떨다
- □ **immediately** 즉시, 직접적으로
- □ **awash** 넘쳐나는, 물에 뒤덮인
- □ **luminous** 빛을 발하는
- □ **possession** 소유물
- □ **satisfaction** 만족, 흡족
- □ **baritone** 남성 중음의, 바리톤의
- □ **reverberate** (소리가) 울리다

- □ **vow** 맹세하다, 맹세
- □ **mirror** 거울, (거울처럼) 비추다, 반영하다
- □ **bow** 인사, 절, (고개를) 숙이다
- □ **acknowledgement** 인정, 감사
- □ **tentative** 시험적인, 임시의, 주저하는, 망설이는
- □ **interrupt** 가로막다, 도중에 방해하다
- □ **interject** 말참견을 하다
- □ **experience** 경험, 경험하다
- □ **arena** 경기장, 공연장, 무대
- □ **failure** 실패, 실패자
- □ **grouse** 불평하다, 투덜대다
- □ **foil** 좌절시키다, 저지하다
- □ **attempt** 시도, 시도하다
- □ **dismissive** 무시하는, 멸시하는
- □ **consider** 고려하다, 숙고하다

11

- □ **almighty** 전능한, 대단한, 엄청난
- □ **gape** (놀라서) 입을 딱 벌리고 바라보다
- □ **imperceptible** 감지할 수 없는, 눈에 보이지 않는

p42

- □ **glint** 반짝임, 빛나다, 번득이다
- □ **rightful** 합법적인, 적법한, 정당한
- □ **pledge** 약속, 맹세, 서약
- □ **undying** 불멸의, 영원한
- □ **fidelity** 충실함, 신의, 정확도
- □ **blinding** 눈부신, 눈을 멀게 하는
- □ **lunge** 달려들다, 돌진하다, 찌르다
- □ **midair** 허공, 공중
- □ **muse** 사색하다, 깊이 생각하다, 혼잣말을 하다
- □ **assassin** 암살범
- □ **crack** 금이 가다, 갈라지다, 깨지다
- □ **chuckle** 싱긋 웃다
- □ **squeeze** 쥐다, 압박하다, (협박 등으로 사람을) 쥐어짜다
- □ **agony** (육체적, 정신적) 극도의 고통, 괴로움
- □ **croak** 꺽꺽거리듯 말하다
- □ **threat** 협박, 위협
- □ **premonition** (특히 불길한) 예감
- □ **tighten** (단단히) 조이다, 팽팽하게 하다

p44

- □ **scream** 절규, 비명, 비명을 지르다
- □ **toss** 던지다
- □ **rag** 누더기
- □ **heart-wrenching** 가슴이 찢어지게 아픈
- □ **resurrection** 부활
- □ **plainly** 분명히, 확실히
- □ **claim** 주장하다, 요구하다

- vortex 소용돌이, 회오리바람
- shackle 수갑, 족쇄, 속박하다, 구속하다
- clatter 쨍그랑하는 소리를 내다
- murder 살인, 살해, 살인하다
- muster (특히 병사들을) 소집하다, (용기, 힘 따위를) 모으다
- teleportation 순간이동
- lifeless 죽은, 생명이 없는
- clutch (꽉) 움켜잡다

p46

- mourn 애도하다, 슬퍼하다
- impact 영향을 주다, 충돌하다
- rip 찢다, 떼어내다
- explosion 폭발
- tear 눈물, 찢다
- scatter 흩뿌리다
- debris 잔해, 파편, 부스러기
- intergalactic 은하계 사이의
- journey 이동, 여행, 여행하다
- orbital 궤도의
- moon 달, (지구 외 행성의) 위성
- aim 겨냥하다, 겨누다, 목표하다
- stately 위풍당당한, 위엄 있는
- grace ~을 빛내다, 꾸미다
- passerby 통행인
- precious 귀중한, 값비싼
- actual 사실상의, 실제의

p48

- companion 동지, 동반자
- descend 내려가다
- grand 웅장한, 위엄 있는, 당당한

- □ **cloak** 망토
- □ **levitation** 공중 부양
- □ **flap** 펄럭거리다
- □ **seriously** 진심으로, 심각하게
- □ **incredulously** 의심하듯이, 회의적으로
- □ **shrug** (어깨를) 으쓱하다
- □ **attachment** 애착, 부착
- □ **material** 물질, 재료
- □ **detachment** 분리, 무심함
- □ **spiritual** 정신적인 것, 정신의, 정신적인
- □ **metaphysical** 철학적인, 형이상학의
- □ **debate** 논쟁, 토의
- □ **eventual** 최종적인, 최후의
- □ **rumble** 우르릉거리는 소리를 내다
- □ **circular** 원형의, 둥근
- □ **inward** 내부의, 안의, 안쪽에, 마음속의
- □ **plow** 충돌하다
- □ **passenger** 승객
- □ **destination** 목적지
- □ **dissolve** 사라지다, 흩어지다, 용해되다
- □ **central** 중앙의, 가장 중요한

p50

- □ **carefully** 조심스럽게, 신중히
- □ **crater** (폭탄 등에 의해 땅이 패여 생긴) 큰 구멍
- □ **peer in** 안을 응시하다
- □ **alter ego** 또 다른 자아
- □ **tatter** 갈가리 찢어지다, 해지다
- □ **tussle** 몸싸움을 벌이다
- □ **proclaim** 선포하다, 분명히 보여주다
- □ **exchange** 주고받다, 교환하다

14

□ **glance** 눈짓, 흘낏 보다

□ **question** 질문, 질문하다

□ **answer** 대답, 대답하다

📖 **이 문장도 짚고 가기!**

---

❶ Forged with six divots, one on each knuckle and the remaining one on the back of the hand, these were to hold the Infinity Stones, one of which he already possessed.

각 손가락 관절에 하나씩 그리고 손등에 나머지 한 개, 총 여섯 개의 구멍이 있었는데 이 것들은 인피니티 스톤을 지니기 위한 것이었고, 그중 하나는 이미 그가 소유하고 있었다.

▶ 타노스의 건틀렛을 묘사하는 문장입니다. 무한한 에너지를 가진 인피니티 스톤을 한데 모으는 건틀렛은 6개의 divot이 있는데요. divot은 골프 용어로, 공을 칠 때 클럽 헤드에 맞아 뜯겨 나간 잔디 조각 또는 땅에 생긴 자국을 의미합니다. 건틀렛에 스톤을 장착할 수 있게 파인 6개의 홈이 골프를 친 뒤 잔디에 생긴 타원형 구멍처럼 생겼기 때문에 비유적으로 사용한 단어입니다.

❷ Your optimism is misplaced, Asgardian.

네 희망은 헛된 것이야, 아스가르드인.

▶ 위협을 당하는 상황에서도 희망을 가지는 로키를 비웃으며 타노스가 말하는 장면입니다. 이 문장을 직역하면 '너의 낙관론은 잘못된 곳에 놓였다.'인데요. 우리말로 자연스럽게 해석하면 '네 희망은 헛된 것이다.'라고 할 수 있습니다.

❸ His eyes lit up as the Trickster god revealed the ace up his sleeve. 장난의 신 로키가 비장의 무기를 드러내려는 순간 그의 눈이 빛났다.

▶ 로키가 타노스의 앞에서도 당당할 수 있었던 이유는 비장의 무기를 숨겨두었기 때문인데요. the ace up one's sleeve는 '소매에 숨긴 비장의 카드(무기)'라는 뜻입니다. 카드 게임을 할 때 카드를 소매에 숨겨두었다가 사용하는 속임수에서 나온 표현입니다. 이 장면에서 로키가 숨겨둔 비장의 카드는 헐크였죠?

📖 **원서가 술술 읽히는 단어장**

p56

☐ **totally** 완전히, 전적으로

☐ **ramble** 횡설수설하다

☐ **laugh** (소리내어) 웃다

☐ **retort** 쏘아붙이다, 대꾸하다

☐ **trail** 오솔길, 자국, 흔적

☐ **tourist** 관광객

p58

☐ **notice** 알아채다, 주목하다

☐ **high profile** 눈에 띄는, 세간의 이목을 끄는

☐ **banter** (가벼운) 희롱, 농담, 놀리다, 희롱하다, 농담하다

☐ **back and forth** 왔다 갔다, 앞뒤로, 오락가락하는

☐ **pee** 오줌, 오줌을 누다

☐ **take a breath** 숨을 쉬다

☐ **quizzical** 약간 놀란 듯한, 어리둥절해하는

☐ **serious** 진심인, 진지한, 심각한

p60

☐ **relate** 이야기하다, 설명하다, 관련이 있다

☐ **possibility** 가능성

☐ **emphatically** 단호히, 강조하여

☐ **disappointment** 실망

☐ **attention** 관심, 주의

☐ **cutout** 삭제된 부분, 잘라 내기, 도려내기

☐ **skintight** (옷이) 몸에 딱 달라붙는

☐ **sheepish** 멋쩍어 하는, 당황해 하는

☐ **placate** (화를) 달래다, 진정시키다

16

- situation 상황, 처지, 환경
- nanoparticle 나노 입자
- dismissively 오만하게, 경멸적으로
- admonish 꾸짖다, 책망하다, 충고하다, 경고하다
- surgery 수술
- remove 제거하다, 없애다
- shrapnel (포탄의) 파편
- endanger 위태롭게 만들다

p62

- futurist 미래학자, 미래파 예술가
- technically 엄밀히 따지면
- protect 보호하다
- closet 옷장
- engagement ring 약혼반지
- ring finger 넷째 손가락
- show off ~을 자랑하다
- surprise 놀라운 일, 놀라움, 놀라게 하다
- whirl 빙빙 돌다, 소용돌이치다, 회전하다
- swirling 소용돌이치는, 현기증나는
- float (공중이나 물위에서) 흘러가다, 떠가다

p64

- oversell 과장해서 말하다
- fate 운명
- at stake 위태로운, 성패가 달려 있는
- unconvinced 납득하지 못하는
- avoid 방지하다, 막다, 모면하다, 피하다
- convince 납득시키다, 설득하다
- boredom 지루함, 따분함
- lesson 수업, 가르침
- complete 끝마치다, 완료하다, 완벽한

- □ incantation (마술을 걸기 위한) 주문
- □ thrust 밀다, 찌르다
- □ forward 앞으로

p66

- □ elemental 근본적인, 원소의
- □ crystal 결정체
- □ hurtle 돌진하다
- □ spread out 더 널리 퍼지다, 몸을 뻗다
- □ essential 본질적인, 필수적인
- □ aspect 양상, 측면
- □ existence 존재, 실재
- □ point 요점, 가리키다, 향하다
- □ gnawing 끊임없는 고통, 신경을 갉아먹는, 괴롭히는
- □ witness 목격자, 목격하다
- □ plague 전염병, 괴롭히다
- □ invade 침입하다, 침략하다
- □ wipe out ~을 완전히 없애 버리다
- □ population 인구
- □ confirm 확인하다, 확증하다
- □ suspicion 의심, 혐의
- □ attack 공격하다

p68

- □ chase 뒤쫓다, 추적하다
- □ nuclear 핵의
- □ invasion (적군의) 침략
- □ shadow 어둠, 그림자, 환영, 미행하다
- □ rest 쉬다, (어떤 것에) 기대다
- □ coffer 금고, 귀중품 상자
- □ staircase 계단
- □ scale 규모, 범위

- □ hitherto 지금까지, 이제까지는
- □ undreamt 꿈에도 생각하지 못한, 예기치 않은
- □ incredulous 못 믿겠다는 듯한

p70

- □ counter 반박하다
- □ lean on ~에 기대다
- □ cauldron 가마솥
- □ cosmos 우주, 질서, 조화
- □ mystical 신령스러운, 신비주의의
- □ relic 유물, 유적
- □ intellect 지적 능력, 지성
- □ unimpressed ~에 감명받지 않는
- □ hem 가장자리, 경계, (천, 옷의) 가두리, 옷단
- □ smack 탁 소리가 나게 치다
- □ apparently 보아하니, 분명히, 명백히
- □ jolt 갑자기 거칠게 움직이다, (정신적) 충격을 주다, 놀라게 하다
- □ quickly 빨리, 빠르게
- □ solution 해결책, 해법, 정답
- □ necklace 목걸이
- □ mystic 신비주의자, 신비적인
- □ stick 찌르다, 달라붙다, 집어넣다
- □ garbage 쓰레기, 쓰레기장
- □ disposal (무엇을 없애기 위한) 처리, 처분
- □ explanation 설명, 해명
- □ oath 맹세, 서약

p72

- □ soak 이해하다, 담그다, 흠뻑 적시다
- □ dismiss 묵살하다, 떨쳐버리다
- □ swear off ~을 끊겠다고 맹세하다
- □ dairy 유제품의

□ **adamant** 단호한, 요지부동의

□ **resolve** 결심, 다짐하다, (문제 등을) 해결하다

□ **inform** 알리다, 통지하나

□ **limit** 한계, 제한, 제한하다

□ **emerald** 에메랄드, 에메랄드빛, 선녹색

□ **conversely** 정반대로, 역으로

□ **argue** 언쟁을 하다, 다투다, 주장하다

□ **firsthand** 직접, 바로

□ **plan** 계획, 방안

□ **address** 주소, 연설, 주소를 쓰다, 연설하다, 말을 걸다

p74

□ **somewhere** 어딘가에

□ **scratch** 긁다, 할퀴다

□ **cue** 신호

□ **weigh on** ~을 (정신적으로) 짓누르다, (무거운 짐이 되어) 압박하다, 괴롭히다

□ **break the news** (좋지 않은 소식을) 처음으로 알려주다

□ **gently** 부드럽게, 약하게

□ **transponder** (무선) 응답기

□ **core** 속, 중심부

□ **partially** 부분적으로

□ **soothe** 달래다, 진정시키다

□ **evolve** 진화하다, 발달하다

□ **maintain** 유지하다

□ **matter** 문제, 사안, 물질, 중요하다

□ **at hand** (거리가) 가까운, 머지않아, 가까운 장래에

□ **for a moment** 잠시 동안, 당장 그때만

□ **heavily** 무겁게, 심하게, 세게

□ **probably** 아마, 대체로

p76

□ **energize** 활기를 북돋우다, 힘을 내다

- mention 언급, 언급하다
- urge 재촉하다, 충고하다
- reluctant 주저하는, 마지못한
- deflate 기를 꺾다
- enthusiasm 열정
- sheepishly 순하게, 소심하게, 당황하며
- attitude 태도, 자세
- betrayal 배신, 배반
- break up ~와 관계를 끊다, 끝이 나다, 부서지다
- fall out ~와 사이가 틀어지다, 헐거워지다, 떨어져 나가다
- term 용어, 말, 기간, 친한 사이, 대인 관계
- deal with ~을 상대하다, (문제, 과제 등을) 처리하다
- schoolyard (학교) 운동장
- magnitude (엄청난) 규모
- beyond ~이상, 넘어서는, (장소) ~의 저편에, (시간) ~을 지나서
- teammate 팀 동료, 같은 팀의 사람

p78

- reluctantly 마지못해
- contact 연락, 접촉, 연락하다
- imagine 상상하다, (마음속으로) 그리다
- mystically 신비적으로, 초자연적으로
- bang 앞머리
- puzzle 어리둥절하게 만들다
- odd 이상한, 특이한, 홀수의
- gaze 시선, 바라보다, 응시하다
- breeze 산들바람
- foyer (극장, 호텔의) 로비, 휴게실, (주택, 아파트의) 현관
- speed up 속도를 높이다
- yell 소리치다, 고함치다, 외치다
- blare (소리를) 요란하게 울리다

21

- □ **crash** 부딪치다, 충돌하다
- □ **dozens of** 수십의, 많은

- □ **tornado** 토네이도, (강렬한) 폭풍, 선풍
- □ **obstruct** (진로, 시야 등을) 막다, 방해하다
- □ **quartet** 4인조
- □ **citizen** 시민, 주민
- □ **in the distance** 저 멀리, 먼 곳에
- □ **put on** ~을 쓰다, 입다, 바르다
- □ **light up** 환해지다, 빛이 나다
- □ **gulp** 침을 꿀꺽 삼키다
- □ **pocket** 호주머니, 주머니
- □ **follow** 따라가다, 뒤따르다
- □ **grim** 단호한, 험악한, 무서운
- □ **snap** 홱 잡다, 잡아채다, 딱하고 꺾다
- □ **source** 근원, 자료, 출처
- □ **spin** 회전하다, 돌다
- □ **vertically** 수직으로
- □ **run out** 다 되다, 다 떨어지다

🏠 이 문장도 짚고 가기!

❶ "You don't need that." Pepper tried to keep the admonishing tone from her voice.

"당신은 그게 필요 없잖아." 페퍼는 책망하는 듯한 어조를 유지하려 했다.

▶ 적의 공격으로 심장에 치명상을 입은 토니는 가슴에 아크 원자로를 달게 되었는데요. 아크 원자로는 폭발물의 파편이 심장에 들어가지 않게 하는 중요한 역할을 했습니다. 이후 토니는 몸속의 파편을 제거하는 수술로 더이상 아크 원자로가 필요 없었지만, 슈트의 휴대성을 위해 다시 달고 다니는데요. 그러한 상황이 못마땅한 페퍼가 admonish(타이르다, 질책하다, 충고하다) 하는 장면입니다.

❷ We need your help. It's not overselling it to say that the fate of the universe is at stake.

우리는 자네의 도움이 필요해. 우주의 운명이 위태롭다고 해도 과언이 아니야.

▶ 포털 속에서 닥터 스트레인지가 나타나 토니에게 도움을 청하는 장면입니다. stake는 쇠고기 스테이크(steak)가 아니라 '(내기나 도박에) 건 돈', '(돈을) 걸다'와 같이 도박에 관련된 뜻이 있는데요. 여기서 기인한 표현이 at stake(중요한 것이 걸려있는, 위태로운) 입니다.

❸ Did you seriously just say 'hitherto undreamt of'?

방금 진심으로 '지금까지 상상할 수 없었던 규모의 학살'이라고 했어?

▶ hitherto undreamt of는 '유사 이래 상상할 수 조차 없는'이라는 뜻인데요. hitherto는 일상생활에서는 잘 사용하지 않는 문어체 표현입니다. 누가 가르치려 드는 걸 싫어하는 토니는 인피니티 스톤에 대해 설명하는 닥터 스트레인지의 말투가 마음에 들지 않나 봅니다. 그래서 hitherto undreamt of라는 표현을 트집 잡아 조롱하듯 말하는 것이죠.

❹ Tony dug in his heels.   토니는 완강했다.

▶ 닥터 스트레인지의 타임 스톤이 타노스가 어벤져스에게 맞서는 이유가 될 수 있다고 토니가 주장하는 장면입니다. 이 문장에 쓰인 dig는 '파다', heels는 신발의 '뒷굽'을 의미하는데요. 신발의 뒷굽을 땅에 꽂고 꼿꼿하게 서있는 이미지를 상상해보세요. 누군가가 굳은 결의를 가지고 완강히 버티고 있는 느낌이 드시나요? 그래서 dig in one's heels는 '완강하게 버티다', '물러서지 않다', '입장을 고수하다'를 뜻합니다.

📖 원서가 술술 읽히는 단어장

p82

- ☐ **cross** 건너다, 가로지르다, 교차하다
- ☐ **excitement** 흥분
- ☐ **buzz** 윙윙거리다, 부산스럽다

p84

- ☐ **danger** 위험, 위험 요소
- ☐ **sight** 광경, 시력, 시야
- ☐ **definitely** 분명히, 틀림없이, 절대로
- ☐ **blissfully** 더 없이 행복하게, 기쁨에 겨워
- ☐ **tap** (가볍게) 톡톡 두드리다
- ☐ **rapidly** 빨리, 급속히, 신속히
- ☐ **panic** 극심한 공포, 공황, 당황, ~을 당황케 하다
- ☐ **distraction** 소란, 소동, 주의 산만, 집중을 방해하는 것
- ☐ **quarter** 4분의 1, (미국, 캐나다의) 25센트 동전
- ☐ **exclaim** 소리치다, 외치다

p86

- ☐ **webbed** 거미집 모양의, 물갈퀴가 달린
- ☐ **certain** 확실한, 틀림없는
- ☐ **spot** 반점, 얼룩, 발견하다, 찾다
- ☐ **emergency exit** 비상구
- ☐ **sleeve** 소매
- ☐ **snag** (날카롭거나 튀어나온 것에) 걸리다, 찢기다, (다른 사람보다 먼저) 잡아채다
- ☐ **tug** (갑자기 세게) 잡아당김, 잡아당기다
- ☐ **latch** (문의) 걸쇠
- ☐ **in a flash** 순식간에, 눈 깜짝 할 사이에, 즉시
- ☐ **cling** 매달리다, 달라붙다
- ☐ **fellow** 친구, 동료

- ☐ **freak out** 흥분하다, 자제력을 잃다
- ☐ **otherworldly** 비현실적인, 별세계의
- ☐ **call for something** 요구하다
- ☐ **exasperate** 몹시 화나게 하다
- ☐ **spaceship** 우주선
- ☐ **strip off** 옷을 벗다, ~의 옷을 벗기다
- ☐ **underneath** ~의 밑에, 아래에
- ☐ **chaotic** 혼란한, 무질서한

p88

- ☐ **communicator** 통신기, 전달자
- ☐ **artificial intelligence** 인공지능
- ☐ **evac (evacuation)** 대피
- ☐ **first responder** 응급 의료요원
- ☐ **computerized** 컴퓨터화 된
- ☐ **traffic light** 신호등
- ☐ **emergency** 비상
- ☐ **notification** 알림, 통지, 신고
- ☐ **department** 부서, 학과
- ☐ **assist** 돕다, 거들다, 조력하다
- ☐ **entrance** 입구, 입장
- ☐ **via** ~을 경유하여, ~을 거쳐, ~을 통해서
- ☐ **bridge** 다리, 가교
- ☐ **catastrophe** 참사, 재앙
- ☐ **freeze** 얼다, 얼리다
- ☐ **conjure** 마술을 하다
- ☐ **guess** 추측, 짐작, 추측하다, 짐작하다
- ☐ **emanate** 발하다, 내뿜다
- ☐ **fade** 희미해지다, 서서히 사라지다
- ☐ **slender** 날씬한, 호리호리한

- □ **enormous** 막대한, 거대한
- □ **rejoice** 크게 기뻐하다
- □ **dust** 먼지, 티끌, 가루
- □ **emerge** 드러내다, 알려지다, 나오다
- □ **vicious** 포악한, 잔인한
- □ **native tongue** 모국어
- □ **growl** 으르렁거리듯 말하다
- □ **thankful** 감사하는
- □ **meaningless** 무의미한
- □ **eyebrow** 눈썹
- □ **practically** 사실상, 거의, 현실적으로, 실제로
- □ **chatter** 재잘거리다, 수다를 떨다
- □ **snort** 코웃음을 치다
- □ **trespass** 무단 침입하다
- □ **otherwise** (만약) 그렇지 않으면, 그 외에는

- □ **insult** 모욕, 무례, 모욕하다
- □ **exasperation** 격분, 분노
- □ **desire** 욕구, 바람, 갈망, 바라다
- □ **exhaust** 기진맥진하게 만들다, 고갈시키다
- □ **agreement** 동의, 합의, 협정
- □ **stomp** 쿵쿵거리며 걷다
- □ **at the sight of** ~을 보고
- □ **wry** 비꼬는, 풍자적인
- □ **wince** 움찔하고 놀라다
- □ **encourage** 기운을 북돋우다, 격려하다
- □ **concentration** 집중
- □ **concentrate** 집중하다

26

- ☐ **contort** 일그러지다
- ☐ **swell** 부풀다, 불룩해지다, 팽창하다
- ☐ **take on** (특정한 모습 등을) 띠다
- ☐ **greenish** 녹색을 띤
- ☐ **transformation** 변신, 변화
- ☐ **reverse** (정반대로) 뒤바꾸다
- ☐ **sweat** 땀을 흘리다
- ☐ **embarrassed** 당황스러운, 쑥스러운
- ☐ **battle** 전투
- ☐ **boost** 밀어 올리다, 격려하다, 북돋우다
- ☐ **confidence** 자신감, 신뢰, 확신
- ☐ **oncoming** 다가오는, 접근하는
- ☐ **strain** 압력, 압박, 안간힘을 쓰다
- ☐ **mutter** 중얼거리다, 투덜거리다
- ☐ **wizard** 마법사
- ☐ **blush** 얼굴을 붉히다
- ☐ **implore** 애원하다, 간청하다
- ☐ **exhale** (숨을) 내쉬다, 내뿜다
- ☐ **pat** 쓰다듬다, 토닥거리다

- ☐ **cast a spell** 주문을 걸다
- ☐ **motion** 몸짓으로 지시하다, 신호하다
- ☐ **cord** 줄, 끈
- ☐ **vest** 조끼
- ☐ **spill out** (문제 등을) 털어놓다, (말이 빠르게) 쏟아져 나오다
- ☐ **sleek** 매끈한, 윤이 나는
- ☐ **triangular** 삼각형의, 3자간의
- ☐ **clang** 쨍그랑 하는 소리를 내다

- ☐ **extend** 연장하다, 확장하다, 펼치다
- ☐ **claunch** 발사하다, 시작하다
- ☐ **swiftly** 신속히
- ☐ **barrel** (가운데가 불룩한) 통, 질주하다
- ☐ **abandoned** 버려진, 유기된
- ☐ **awe** 경외감, 경외하게 하다
- ☐ **engage** 교전을 시작하다, (주의를) 끌다
- ☐ **uprooted** 뿌리째 뽑힌
- ☐ **barrier** 장벽, 장애물
- ☐ **dissolve** 녹다, 녹이다, 용해되다, 사라지다

- ☐ **withering** (사람의) 기를 죽이는, 위축시키는
- ☐ **whip** 채찍, 급히 움직이다, 돌진하다, 휘젓다
- ☐ **in the middle of** ~의 도중에, 중앙에, 중간 무렵에
- ☐ **unceremonious** 예의를 차리지 않는, 허물없는, 버릇없는
- ☐ **dodge** 재빨리 피하다
- ☐ **frustrate** 좌절감을 주다
- ☐ **position** 위치, ~의 자리를 잡다
- ☐ **intent** 열중하는, 몰두하는
- ☐ **recover** 회복되다, 되찾다
- ☐ **opponent** 상대, 반대자
- ☐ **blunt** 뭉툭한, 무딘
- ☐ **disconnect** 분리하다

- ☐ **flick** 휙 움직이다
- ☐ **civilian** 민간인
- ☐ **temporarily** 일시적으로
- ☐ **career** (위태롭게) 달리다, (배가) 기울다
- ☐ **miniature** 아주 작은, 소형의, 축소된

☐ **sarcastically** 비꼬는 투로, 풍자적으로

☐ **tackle** (힘든 문제 상황과) 씨름하다, ~에 달려들다

p104

☐ **whizz** 쌩하고 지나가다

☐ **weapon** 무기

☐ **direction** 방향

☐ **scramble** 재빨리 움직이다

☐ **squash** 짓누르다, 으깨다

☐ **clench** (주먹을) 꽉 쥐다, (이를) 악물다

☐ **morph** 변하다, 바뀌다

☐ **bellow** 고함지르다, 울부짖다

☐ **amazement** 놀람, 경탄

☐ **stave off** 비키다, 피하다

☐ **standoff** 교착 상태, 고립, 서먹함, 떨어져 있는

p106

☐ **yank** 홱 잡아당기다

☐ **exuberant** 활기 넘치는, 열의가 넘치는

☐ **secretly** 몰래, 숨어서

☐ **admire** 존경하다, 칭찬하다

☐ **teen (teenager)** 십대, 청소년

☐ **hurl** (거칠게) 던지나

☐ **menace** 위협, 협박, 성가신 존재, 위협적인 존재

p108

☐ **express** 표현하다, 나타내다

☐ **awesome** 아주 멋진, 엄청난

☐ **hurtle** 돌진하다, 충돌하다

☐ **pounce** 덤비다, 덮치다

☐ **unfortunately** 불행하게도

☐ **will** 의지, (강한) 의견, 유언장, ~할 것이다

- ☐ **brace** 버팅기다, (몸에) 단단히 힘을 주다, (스스로) 대비를 하다
- ☐ **quaint** 진기한, 기이한
- ☐ **popular** 인기 있는, 대중적인
- ☐ **smug** 의기양양한, 우쭐해 하는
- ☐ **unbreakable** 부서지지 않는, 깨지지 않는
- ☐ **confidently** 확신을 갖고, 자신 있게
- ☐ **narrow** 좁은, 좁아지다, (눈이) 찌푸려지다
- ☐ **slit** (좁고 기다란) 구멍, 틈
- ☐ **curl** (둥그렇게) 감기다, 웅크리다, (입술을) 비죽거리다
- ☐ **corpse** 시체, 송장
- ☐ **rebar** 콘크리트 보강용 강철봉
- ☐ **pavement** 인도, 보도
- ☐ **troublesome** 성가신, 귀찮은, 골치 아픈
- ☐ **defy** 저항하다, 반항하다, 거역하다

- ☐ **maliciously** 악의를 갖고, 심술궂게
- ☐ **worm** 벌레, 꿈틀거리며 나아가다
- ☐ **coil** 고리, (고리 모양으로) 휘감다
- ☐ **prey** 먹이, 사냥감, 희생자
- ☐ **escape** 탈출하다, 벗어나다, 피하다
- ☐ **blow after blow** 연타
- ☐ **barely** 거의 ~없이, 간신히
- ☐ **relatively** 상대적으로, 비교적

- ☐ **fisherman** 낚시꾼, 어부
- ☐ **bass** 농어
- ☐ **in an instant** 곧, 당장, 즉시
- ☐ **outer space** 우주 공간, 대기권 밖(의 우주)
- ☐ **terrifying** 무서운, 겁나게 하는, 놀라게 하는

□ **target** 목표물, 표적

□ **streetlamp** 가로등

□ **anchor** 닻, 고정장치

□ **activate** 작동시키다, 활성화시키다

p116

□ **fall on one's butt** 엉덩방아를 찧다

□ **visible** (눈에) 보이는, 가시적인, 뚜렷한

□ **disgusted** 혐오감을 느끼는, 역겨워 하는

□ **banishment** 추방, 유배

p118

□ **trajectory** 궤도, 궤적

□ **cargo** (배나 비행기의) 화물, 짐

이 문장도 짚고 가기!

❶ He means get lost, Squidward. 꺼지라는 말이야, 징징아.

▶ 지구에 무단침입한 에보니 모가 토니를 animal이라고 부르자, 토니가 그를 Squidward라고 부르는 장면입니다. 미국 애니메이션 〈네모바지 스폰지밥〉에 나오는 '징징이'의 영어 이름이 Squidward 인데요. 에보니 모가 정말로 징징이를 닮았는지 꼭 한번 찾아보세요.

❷ Banner, you want a piece? 배너, 한번 붙어 볼래?

▶ 컬 옵시디언이 으르렁거리며 달려오자 토니가 배너에게 말하는 장면입니다. 누군가 시비를 걸어올 때, You want a piece of me?라고 하면 '한번 붙어 보자는 거야?' 혹은 '맛 좀 보고 싶냐?'라는 표현이 되는데요. 여기에서는 토니가 배너에게 제안하는 말이라 of me를 빼고 말했습니다.

❸ I don't know. We've sorta been having a thing.

나도 몰라. 우리는 요즘 뭐랄까, 문제가 있어.

▶ 항상 적시에 등장하던 헐크가 나타나지 않자 헐크와 자신 사이에 뭔가 문제가 있다고 브루스가 말하는 장면입니다. 스테이츠맨에서 타노스에게 너무 무력하게 제압당해 헐크가 나오길 거부하는 것이라는 추측이 있고요. 브루스가 싸울 때만 헐크를 불러내니 헐크가 브루스를 구해주는데 질려 거부한다는 이야기도 있습니다.

31

📖 원서가 술술 읽히는 단어장

p124

- ☐ **telescopic** 망원경으로 본, 망원경의
- ☐ **vision** 시야, 시력, 환상, 예지력
- ☐ **visor** (헬멧의) 얼굴 가리개, 마스크
- ☐ **climb up** ~에 오르다
- ☐ **calculation** 계산
- ☐ **determine** 알아내다, 밝히다, 결정하다
- ☐ **exactly** 정확히
- ☐ **atmosphere** (지구의) 대기, 공기, 분위기, 기운

p126

- ☐ **order** 명령하다, 지시하다
- ☐ **personal** 개인의
- ☐ **unfold** 펼쳐지다, 펴다
- ☐ **propel** 나아가게 하다, 몰고 가다
- ☐ **comply** (법, 명령 등에) 응하다, 따르다, 준수하다
- ☐ **former** 예전의, 옛날의, 이전의
- ☐ **headquarters** 본사, 본부
- ☐ **storage** 보관소, 저장
- ☐ **mark** 자국, 흔적, 표시, 부호, 표시하다
- ☐ **lightheaded** 약간 어지러운, 현기증나는
- ☐ **lack** 부족, 결핍
- ☐ **oxygen** 산소

p128

- ☐ **lose** 잃어버리다, 분실하다
- ☐ **high up** 아주 높은 곳에서
- ☐ **fall off** 떨어지다

- □ far away 먼, 멀리 떨어진
- □ modify 수정하다, 변경하다, 바꾸다, 개조하다
- □ include 포함하다
- □ magnet 자석
- □ internal 내부의, 내적인
- □ lung 폐
- □ dog (오랫동안) 괴롭히다, (누구 뒤를) 바싹 따라가다
- □ parachute 낙하산

p130

- □ earthbound 지구로 향한
- □ gauntlet 갑옷용 장갑
- □ hull (배의) 선체
- □ strangely 이상하게
- □ familiar 친숙한, 익숙한
- □ climax 절정
- □ stealth 잠행, 비밀, 몰래 함
- □ examine 조사하다, 검토하다
- □ ultimate 최고의, 궁극적인
- □ glimpse 잠깐 봄, 짧은 경험, 잠깐 보다, 깨닫다
- □ detach 떼다, 분리하다, 떼어내다
- □ crawl (엎드려) 기다, 기어가다
- □ heave 크게 한숨을 내쉬다, (무거운 것을) 들어올리다
- □ flip 홱 움직이다, 휙 젖히다
- □ emergency door 비상구
- □ seal 봉인하다, 밀폐하다

p132

- □ coordinate 좌표, 조정하다
- □ pleased 기쁜, 만족스러운
- □ retrieve 되찾아오다
- □ hyperspace 초공간(4차원 이상으로 이루어진 공간)

- ☐ **helplessly** 어찌해 볼 수도 없이, 무력하게, 의지할 데 없이
- ☐ **orbit** 궤도
- ☐ **ascend** 오르다, 올라가다
- ☐ **unguarded** 보호를 받지 못하는
- ☐ **responsibility** 책임
- ☐ **tinge** (어떤 느낌, 기운 등) ~한 기색을 더하다
- ☐ **rubble** 돌무더기, 파편, 조각

p134

- ☐ **miraculously** 기적적으로
- ☐ **glimmer** 깜박이는 빛, 희미한 빛
- ☐ **slice through** ~을 가르다
- ☐ **cabin** 선실, 객실
- ☐ **highly** 크게, 대단히, 매우, 높이
- ☐ **eclectic** (취미, 의견 등이) 폭넓은, 다방면에 걸친
- ☐ **pirate** 해적
- ☐ **antenna** 안테나, 공중선, (곤충의) 더듬이
- ☐ **muscular** 근육질의
- ☐ **intricate** 복잡한, 얽힌, 난해한
- ☐ **tattoo** 문신
- ☐ **sentient** 지각이 있는
- ☐ **sapling** 어린 나무
- ☐ **foul-mouthed** 입이 험한, 입버릇이 더러운
- ☐ **genetically** 유전적으로
- ☐ **raccoon** 미국너구리
- ☐ **band together** (무엇을 달성하기 위해) 무리를 이루다, 함께 뭉치다
- ☐ **plunder** 약탈하다, 강탈하다
- ☐ **leftover** 남은 것, 잔재

p136

- ☐ **yawn** 하품하다
- ☐ **current** 현재의, 지금의

- □ co-pilot 부조종사
- □ reason 이유, 근거, 이성, 판단하다, 추리하다, 설명하다
- □ earshot 부르면 들리는 거리, 목소리가 닿는 거리
- □ lean back 상체를 뒤로 젖히다
- □ effort 노력
- □ protest 시위, 반대, 항의하다, 반대하다, 주장하다
- □ perk (귀, 꼬리 등이) 쫑긋 서다, 기운을 회복하다, 활발해지다

p138

- □ bleep (전자 장치에서 나는) 삐 소리, 삐 소리를 내다, 호출기로 불러내다
- □ stillness 정적, 고요
- □ cockpit 조종석, 조종실
- □ encounter 맞닥뜨리다, 마주치다
- □ branch 나뭇가지
- □ sling 내던지다, (느슨하게) 걸다, 매다, 달다
- □ handheld 소형 기기, 손바닥 크기의, 손에 들고 쓰는
- □ grit the teeth 이를 악물다
- □ brew (차를) 끓이다, (음모 따위를) 꾸미다, (파란을) 일으키다
- □ scold 꾸짖다, 야단치다
- □ derisive 조롱하는
- □ response 대답, 반응

p140

- □ smash 박살내다
- □ threaten 위협하다
- □ utter 완전한, (말을) 하다
- □ bent 구부러진, 휜
- □ discover 발견하다, 찾다
- □ rather 더 정확히 말하면, 꽤, 상당히, 오히려
- □ splay 넓히다, (팔, 다리를) 벌리다, 펴지다
- □ composure (마음의) 평정, 침착
- □ simultaneously 동시에, 일제히

□ **indeed** 정말, 확실히

p142

□ **squeak** 꽥 소리치다
□ **oddly** 이상하게도

📖 **이 문장도 짚고 가기!**

❶ FRIDAY, give me some juice. 프라이데이, 속력을 높여줘.

▶ 우주선에 매달린 스파이더맨을 구하기 위해 토니가 인공지능 프라이데이에게 명령하는 장면입니다. juice라고 하면 보통 과일이나 채소의 즙을 짜서 마시는 음료를 생각하시겠지만, juice에는 '연료', '전기'라는 의미도 있습니다. 우주선을 따라잡으려면 아이언맨의 슈트가 더 빨리 움직여야겠죠? 아이언맨이 스파이더맨을 구하기 위해 인공지능 프라이데이에게 '연료를 더 달라.' 다시 말해, '속력을 높이라.'고 명령하는 것입니다.

❷ "Wipers! Wipers! Get it off!" he freaked out.

"와이퍼! 와이퍼! 저걸 떼어내!" 그가 기겁했다.

▶ 조난 신호를 받고 가디언즈들이 도착한 곳에는 완전히 부서진 스테이츠맨의 잔해와 시체들이 우주를 떠다닙니다. 깜짝 놀란 가디언즈들이 창밖을 내다보고 있을 때 토르가 조종실 창문에 쿵 떨어지는데요, 로켓이 기겁하며 토르를 우주선에서 떼어내라고 말하는 장면입니다. freak out은 심장이 내려앉을 정도로 놀라거나 자제력을 잃을 정도로 화가 났을 때 사용하는 표현인데요, '깜짝 놀라다', '질겁하다'라는 의미가 있습니다.

📖 원서가 술술 읽히는 단어장

p148

- □ shallowly 얕게
- □ common room 휴게실

p150

- □ revere 숭배하다, 경외하다, 존경하다
- □ lay (조심스레) 놓다, 두다
- □ reel 휘청거리다, 비틀거리다
- □ anxious 불안해하는, 염려하는
- □ psyche 마음, 정신, 심령
- □ tremendous 엄청난, 굉장한, 대단한
- □ snark 비판하다
- □ muscle 근육
- □ hide 감추다, 숨기다, 숨다
- □ jealousy 질투

p152

- □ erupt 분출하다, 터지다
- □ motley 잡다한, 혼성의, 다양한, 뒤섞인
- □ scoop (큰 숟갈 같은 것으로) 뜨다
- □ realm 왕국
- □ ravenous 굶주린, 탐욕스러운
- □ necessarily 어쩔 수 없이, 필연적으로
- □ shed light on ~을 비추다, 밝히다, 해명하다, 새로운 정보를 주다
- □ vast 광대한, 거대한, 막대한
- □ remainder 나머지, 잔여, 유적
- □ kingdom 왕국
- □ goal 목표

- □ **memory** 기억, 추억, 회상

p154

- □ **planet** 행성
- □ **massacre** 대학살
- □ **galley** (선박, 항공기의) 조리실, 주방
- □ **dire** 대단히 심각한, 무서운, 끔찍한
- □ **punctuate** (문장에) 구두점을 찍다, (어떤 말 등을) 강조하다
- □ **wonder** 궁금해하다
- □ **alarm** 불안, 경고 신호
- □ **ease** 쉬움, 용이함, 편해지다, 덜어 주다
- □ **concern** 우려, 걱정
- □ **snarl** 으르렁거리다
- □ **on the other hand** 반면에
- □ **defuse** (긴장, 위험 등을) 진정시키다
- □ **stepfather** 의붓아버지, 계부

p156

- □ **pain** 아픔, 고통
- □ **indicate** 나타내다, 보여주다
- □ **realize** 깨닫다, 알아차리다, 인식하다
- □ **utensil** (가정에서 사용하는) 기구, 도구
- □ **long-range** 장거리를 가는, 장기적인
- □ **mash on** ～을 누르다
- □ **birthdate** 생년월일
- □ **stride** 성큼성큼 걷다
- □ **demand** 요구하다, 따지다
- □ **authoritarian** 독재적인
- □ **attempt** 시도하다
- □ **accent** 말씨, 강조, 강세, 억양

- ☐ **figure out** 이해하다, 알아내다, 생각해 내다
- ☐ **thunder** 천둥
- ☐ **safely** 안전하게, 무사히
- ☐ **collector** 수집가
- ☐ **supply** 보급품, 공급하다, 제공하다
- ☐ **offer** 제공하다, 제안하다
- ☐ **sanction** 제재, 허가, 승인, 승인하다, 허가하다

- ☐ **decimate** (특정 지역의 동식물이나 사람들을) 대량으로 죽이다
- ☐ **outlaw** 범법자, 금지하다
- ☐ **slaughter** (대량) 학살하다
- ☐ **prepare** 준비하다

- ☐ **nervous** 불안한, 긴장한, 초조한
- ☐ **plain** 명료한, 분명한
- ☐ **logic** 논리
- ☐ **hence** 이런 이유로, 그러므로, 따라서
- ☐ **inflection** 억양
- ☐ **formulate** 만들어 내다, 공식화 하다
- ☐ **swift** 신속한
- ☐ **cut off** (말을) 중단시키다, 방해하다

- ☐ **whine** 투덜대다, 칭얼거리다
- ☐ **possession** 소지품, 소유
- ☐ **accuse** 비난하다, 고발하다
- ☐ **wisely** 현명하게, 약삭빠르게
- ☐ **surprisingly** 놀랍게도, 의외로, 대단히
- ☐ **raspy** (목소리가) 거친

- □ **tension** 긴장, 불안, 팽팽함
- □ **genuine** 진짜의, 진품의, 진실한, 진심 어린
- □ **whisker** 수염, 구레나룻
- □ **properly** 제대로, 적절히
- □ **horrific** 끔찍한
- □ **torment** 고통, 괴롭히다

p166

- □ **demented** 미친, 제정신을 잃은, 실성한
- □ **workshop** 작업장
- □ **chuckle** 빙그레 웃다
- □ **fool's errand** 헛고생, 헛걸음
- □ **judgment** 의견, 판단
- □ **correct** 맞는, 정확한, 적절한, 옳은, 올바른
- □ **puff** 부풀다, 우쭐하다
- □ **compliment** 칭찬
- □ **particular** 특정한, 특수한, 개별적인
- □ **ignore** 무시하다
- □ **fist** 주먹
- □ **camaraderie** 동지애
- □ **noble** 고결한, 고귀한

p168

- □ **misguide** 잘못 이끌다, 잘못 지도하다
- □ **strut** 뽐내며 걷다, 활보하다
- □ **beam** 빛줄기, 기둥, 활짝 웃다
- □ **fortuitous** 우연한, 행운의
- □ **objection** 반대, 이의
- □ **secondary** 두 번째의, 이차적인
- □ **specifics** 세부 사항, 세부 내용

- ☐ **absorb** 흡수하다, 빨아들이다, 받아들이다
- ☐ **enormity** 막대함, 엄청남
- ☐ **heed** 주의를 기울이다
- ☐ **dwarf** 난쟁이

- ☐ **assortment** (같은 종류의 여러가지) 모음
- ☐ **continue** 계속되다, 계속하다, 이어지다
- ☐ **moron** 멍청이, 바보
- ☐ **explosive** 폭발물
- ☐ **hiss** (화난 어조로) 낮게 말하다
- ☐ **smirk** 히죽히죽 웃다, 능글맞게 웃다

- ☐ **load** 짐, 화물, (짐, 사람 등을) 싣다, 태우다, 적재하다
- ☐ **nimbly** 민첩하게, 재빠르게
- ☐ **adolescent** 청소년, 사춘기의
- ☐ **rot** 썩다, 부패하다
- ☐ **warmth** 온기, 따뜻함
- ☐ **furry** 털로 덮인, 털 같은
- ☐ **board** 승선하다, 탑승하다
- ☐ **get lost** 길을 잃다

- ☐ **salute** 경례하다, 인사하다
- ☐ **bid farewell** 작별을 고하다
- ☐ **eject** 쫓아내다, 탈출하다
- ☐ **distinctly** 뚜렷하게, 명백하게
- ☐ **occupant** 사용자, 입주자, 거주자
- ☐ **aware** 알고 있는, 자각하고 있는
- ☐ **split** 분열되다, 나뉘다, 쪼개다

- ☐ **impossible** 불가능한
- ☐ **wool** 양털, 양모, 털실
- ☐ **roll in** (수량이) 밀려들어오다, 많이 들어오다

p178

- ☐ **cozy** 아늑한
- ☐ **forehead** 이마
- ☐ **fearful** 걱정하는, 두려워하는, 무서운
- ☐ **in front of** ～의 앞에
- ☐ **beat** (심장이) 고동치다, (시합에서) 이기다
- ☐ **flush** (얼굴이) 붉어지다, 상기되다
- ☐ **logically** 논리적으로
- ☐ **biological** 생물학적인, 생물학의
- ☐ **thought** 생각, 사고력
- ☐ **emotion** 감정
- ☐ **independently** 독립하여, 자주적으로
- ☐ **initial** 초기의, 처음의

p180

- ☐ **especially** 특히
- ☐ **theory** 이론
- ☐ **agree** 동의하다
- ☐ **strand** (실, 머리카락 등의) 가닥, 올, 줄
- ☐ **flicker** (불이) 깜박거리다, (감정, 생각 등이) 스치다
- ☐ **explain** 설명하다
- ☐ **slight** 가벼운, 약간의
- ☐ **assure** 확인하다, 장담하다
- ☐ **pair** 두 사람, 한 쌍
- ☐ **inn** 여관
- ☐ **rate** 속도, 비율, 요금
- ☐ **entirely** 전부, 전적으로, 완전히

- ☐ local 지역의, 현지의
- ☐ completely 완전히
- ☐ unregistered 등록되지 않은, 기록되지 않은
- ☐ opposite 맞은편의, 반대의
- ☐ loyal 충성스러운
- ☐ unite 합치다, 결합하다
- ☐ budding 싹트기 시작하는, 나타나기 시작한
- ☐ relationship 관계, 관련성

- ☐ alive 살아 있는
- ☐ possibly 아마
- ☐ consciousness 의식, 자각
- ☐ vow 맹세, 서약
- ☐ swell 부풀다, 팽창하다, (마음이) 벅차다, 가득하다
- ☐ in unison 일제히
- ☐ declaration 맹세, 선언
- ☐ peer into 자세히 들여다보다
- ☐ newscaster 뉴스 진행자
- ☐ broadcast 방송하다
- ☐ devastation 대대적인 파괴
- ☐ blurred 희미한, 흐릿한
- ☐ footage 장면, 화면

- ☐ recognize 알아보다, 인식하다
- ☐ flash 비치다, 번쩍이다, (화면에) 휙 나타나다
- ☐ precede ~에 앞서다, 선행하다
- ☐ paranoia 피해망상, 편집증
- ☐ missing 행방불명된, 실종된
- ☐ refuse 거절하다, 거부하다

□ **gather** 모으다, 수집하다

□ **intel** 군사정보, 정보

□ **firm** 단호한

□ **connection** 연결

□ **chance** 가능성, 기회

□ **mist** 안개, 안개가 끼다, 흐려지다

□ **sharp** 날카로운, 뾰족한

□ **blade** (칼 등의) 날

□ **abdomen** 복부, 배

□ **appearance** (겉)모습, 외모

□ **intense** 강렬한, 치열한

□ **blast** 폭발, 폭파하다

□ **arc** 호(활 모양)를 그리다

□ **courtesy of** ~덕분에, 결과로

□ **burst** 폭발하다, 터지다

□ **paralyze** 마비시키다, 쓸모없게 만들다

□ **powerful** 강력한, 영향력 있는

□ **pierce** 뚫다, 찌르다

□ **shift** 변화, 이동하다, 자세를 바꾸다

□ **weight** 무게, 체중, 힘

□ **replace** (원래 있던 자리에) 다시 놓다, 교체하다

□ **pry out** 캐내다

□ **nod** (고개를) 끄덕이다

□ **rail** 기차, 철도, 난간

□ **depart** 출발하다, 떠나다

□ **tiny** 아주 작은

□ **grab** 붙잡다, 움켜쥐다

44

- ☐ dread 두려움
- ☐ frightened 겁먹은, 무서워하는
- ☐ intrigued 아주 흥미로워 하는, 호기심을 가진
- ☐ momentarily 잠깐 동안
- ☐ glitch 작은 결함, 문제

p194

- ☐ shove (거칠게) 밀치다, 떠밀다
- ☐ kneel 무릎을 꿇다
- ☐ creature 생물, 창조물
- ☐ crouch (몸을) 쭈그리다, 웅크리다
- ☐ taut (밧줄, 돛이) 팽팽한, (신경이) 긴장한
- ☐ ceiling 천장
- ☐ yard 마당, 뜰, (학교의) 운동장
- ☐ anticipate 예상하다, 예측하다, 기대하다
- ☐ hum 웅웅거리는 소리, 윙윙거리다

p196

- ☐ bend 굽히다, 구부리다, 휘어지다, (방향을) 틀다
- ☐ backwards 뒤로, 거꾸로, 반대 방향으로
- ☐ unleash 촉발시키다, 불러일으키다
- ☐ momentum 탄력, 가속도
- ☐ incinerate 소각하다
- ☐ compromise 타협, 절충
- ☐ primal 원시적인, 최초의, 주요한, 근본적인

p198

- ☐ millisecond 밀리세컨드(1000분의 1초)
- ☐ multiple 다양한, 많은
- ☐ reflect 반사하다, 비추다
- ☐ recharge 재습격, 역습, 재충전, 재충전하다
- ☐ villainess 악당(villain의 여성형)

- ☐ **undeterred** 단념하지 않는, 좌절하지 않는
- ☐ **insist** 주장하다, 고집하다

p200

- ☐ **outcome** 결과
- ☐ **survive** 살아남다
- ☐ **figure** 수치, 숫자, 인물, 형체, 사람

p202

- ☐ **muss** 헝클어뜨리다
- ☐ **blonde** (머리가) 금발의, 금발 머리 여자
- ☐ **beard** 턱수염
- ☐ **tactical** 전술의, 작전의, 전략적인
- ☐ **sew** 바느질하다, 꿰매다, 깁다
- ☐ **audibly** 들리도록, 들을 수 있게
- ☐ **somersault** 공중제비, 재주넘기, 공중제비를 하다
- ☐ **intervene** 개입하다, 끼어들다
- ☐ **blaze** 불길, 활활 타다, (총을) 쏘아 대다
- ☐ **directly** 곧장, 똑바로
- ☐ **outreach** (팔, 손을) 뻗다, 내밀다

p204

- ☐ **spark** 불꽃, 불똥, 촉발시키다, 유발하다, 불꽃을 일으키다
- ☐ **spar** 치고 덤비다, 스파링하다
- ☐ **versus** ~대, ~와 대비하여
- ☐ **merely** 단지, 한낱
- ☐ **jam** (차량 등의) 혼잡, 쑤셔 넣다, 채워 넣다, (장소를) 막다, 메우다
- ☐ **tilt** 기울다, 기울이다, (뒤로) 젖히다
- ☐ **organ** (인체 내의) 장기
- ☐ **ensure** 보장하다, 지키다, 확실하게 하다
- ☐ **reenter** ~에 다시 들어가다
- ☐ **summon** 소환하다, (오라고) 부르다, 호출하다

□ **rumble** (천둥, 지진 등이) 우르르 울리다, 낮고 무거운 소리로 말하다

□ **weakly** 약한, 가냘픈, 힘없이

p206

□ **baton** 지휘봉, 경찰봉

□ **vanish** 사라지다, 없어지다

□ **hug** 포옹, 껴안다

□ **approach** 다가가다

□ **hobble** 다리를 절다, 절뚝거리다

□ **pearly** 진주의, 진주 같은, 진주색의

□ **take off** (항공기 등이) 이륙하다, (서둘러) 떠나다

□ **village** 마을, 촌락, 마을 사람들

p208

□ **declare** 선언하다, 분명히 말하다

□ **for good** 영원히

□ **individually** 개별적으로, 개인적으로

□ **decision** 결정, 판단, 결단력

📖 이 문장도 짚고 가기!

❶ The Guardians who had met The Collector felt their stomachs drop. 컬렉터를 만난 적 있는 가디언즈들은 가슴이 철렁했다.

▶ 타노스가 컬렉터가 있는 노웨어로 향할 것이라고 토르가 말하자 가디언즈가 당황하는 장면입니다. one's stomach drop을 직역하면 '위가 떨어지다' 인데요. 놀라운 소식을 듣고 가슴이 철렁하는 느낌을 떠올리시면 이해가 쉬울 거예요.

❷ The answer caught everyone off guard.
그에 대한 대답이 모든 이들의 허를 찔렀다.

▶ off guard는 문자 그대로 guard(경비, 감시)를 내린 상태인데요. 의역하면 '경계를 푼', '방심한', '무방비 상태의'라는 뜻입니다. 따라서 catch someone off guard는 누군가가 무방비 상태일 때 잡은 것이니 '급습하다' 또는 '허를 찌르다'라는 의미가 되겠네요.

47

❸ I got it figured out. We got two ships and a large assortment of morons. 내가 정리해주지. 우리에겐 우주선이 두 대이고 갖가지 종류의 멍청이들이 있잖아.

▶ 로켓이 가디언즈를 moron이라고 말하는 장면입니다. moron을 사전에서 찾으면 '바보'나 '멍청이'라는 뜻이 나오는데요. 이 단어는 조심해서 사용해야 합니다. 장난치며 말하는 '바보'보다 훨씬 더 경멸적인 어조를 담고 있기 때문에 공식적인 자리나 막역하지 않은 사이라면 사용을 지양해야 합니다.

❹ That was exactly the thing to get under Quill's skin and Rocket knew it when he saw Peter's face flush red. 그 말은 정확히 퀼을 짜증나게 했고, 로켓은 피터의 얼굴이 빨갛게 달아오르는 것을 보고 그것을 알아챘다.

▶ get under someone's skin은 두 가지 의미를 가지고 있습니다. 첫 번째로는 '누군가를 정말로 화나게 하다', 두 번째로는 '누군가의 마음에 강렬한 인상을 남기다' 입니다. 의미가 완전히 다르기 때문에 상황과 맥락을 보고 뜻을 파악해야 하는데요. 로켓이 퀼을 화나게 한 현재 상황으로 봐서는 첫 번째 의미가 더 어울리네요.

❺ But you gave Stark your word. 하지만 스타크와 약속했잖아.

▶ '약속'은 주로 promise나 appointment로 많이 알고 있지만. one's word라는 표현도 있습니다. '약속하다'라는 말은 give one's word인데요. 그래서 뒤에 나오는 비전의 대사 "I'd rather give it to you."는 '차라리 너에게 그것(그 약속)을 주겠다.' 즉, '차라리 너와 그 약속을 하겠다.'는 의미가 됩니다.

❻ For two years we've stolen these moments, trying to see if this could work, and… 우리는 2년간 이 방식이 통할까 싶어서 잠깐씩 만나 왔잖아. 그리고…

▶ steal these moment를 직역하면 '잠깐의 시간을 훔치다'인데요. 이를 의역하면 '몰래 만나다' 또는 '짬을 내어 만나다'라고 해석할 수 있습니다.

📖 원서가 술술 읽히는 단어장

p214

- whimper 훌쩍이다, 훌쩍이며 말하다
- brush 머리를 빗다
- scarlet 다홍색, 주홍색
- surely 분명히, 확실히
- invader 침략군
- wooden 나무로 된, 목재의, 경직된
- slat 널, 조각
- hut 오두막

p216

- spare ~을 용서하다, 목숨을 살려주다, 자비를 베풀다
- scream 비명, 절규, 비명을 지르다, 소리치다
- ruthless 무자비한, 무정한, 가차없는, 냉혹한
- fear 공포, 두려움, 무서움, 두려워하다
- target 목표, 대상, 표적, 겨냥하다, 목표로 삼다
- peaceful 평화로운
- crash 굉음, 충돌
- shed (작은) 헛간
- splinter 쪼개지다
- inward 안쪽으로
- soldier 군인
- rip (거칠게) 찢다, 떼어내다
- path 길, 계획
- ringed 고리 모양의, 반지를 낀
- hover (허공을) 맴돌다, 서성이다
- army 군대
- forcibly 강제로, 강력히, 힘차게

- □ weep 울다, 슬퍼하다, 한탄하다
- □ melodic 곡조가 아름다운, 선율의

p218

- □ population 인구
- □ in half 절반으로, 이등분으로
- □ choose 선택하다, 고르다
- □ revelation 폭로, 누설, (신의) 계시
- □ honor 명예, 영광, 특권, 존경하다, 공경하다
- □ courageous 용감한
- □ potential 가능성, 잠재적인
- □ deftly 솜씨 좋게, 교묘하게, 능숙하게
- □ responsible 책임지고 있는
- □ commander 지휘관, 사령관, 지도자
- □ skin 피부
- □ tough 거친, 힘든
- □ hunt 사냥하다
- □ dare 감히 ~하다, ~할 용기가 있다
- □ stifle (감정 등을) 억누르다, 억압하다, 숨이 막히다
- □ impressed 감동을 받은, 좋은 인상을 받은
- □ fighter 전사
- □ wrap 싸다, 포장하다, 둘러싸다

p220

- □ open-air 야외의
- □ shrug (어깨를) 으쓱하다
- □ twin 쌍둥이, 한 쌍의
- □ widen 커지다, 넓어지다
- □ perfectly 완벽하게
- □ instruct 지시하다, 가르치다, 알려주다
- □ wobble 흔들리다, 떨리다
- □ poise (어떤 자세를) 취하다, (어떤 상태로) 유지하다

- ☐ **march** 행군, 행진하다
- ☐ **successfully** 성공적으로
- ☐ **divide** 나누다, 가르다
- ☐ **equal** 동일한, 동등한
- ☐ **proclaim** 선언하다

p222

- ☐ **control** 통제하다, 제어하다, 관리하다
- ☐ **precious** 소중한, 귀중한
- ☐ **footstep** 발소리, 발자국
- ☐ **outfit** 옷, 복장, 준비, 장비, 준비하다, 공급하다
- ☐ **grenade** 수류탄
- ☐ **favor** 부탁, 호의, 찬성하다
- ☐ **sigh** 한숨, 한숨을 쉬다
- ☐ **universe** 우주

p224

- ☐ **obvious** 분명한, 확실한
- ☐ **carefully** 신중히, 조심스럽게
- ☐ **gulp** 벌컥벌컥 마시다, (숨을) 깊이 들이마시다
- ☐ **promise** 약속, 약속하다
- ☐ **soften** 부드러워지다, 누그러지다
- ☐ **stagger** 비틀거리며 가다
- ☐ **astound** 큰 충격을 주다
- ☐ **request** 요청, 요청하다
- ☐ **echo** 메아리치다, (소리가) 울리다
- ☐ **matter-of-fact** 무미건조한, 사무적인
- ☐ **scenario** 시나리오, 각본
- ☐ **swallow** 마른침을 삼키다, (음식을) 삼키다

p226

- ☐ **seriously** 심각하게, 진지하게, 정말

☐ **swear** 맹세하다

☐ **grouse** 투덜대다

☐ **silent** 조용한, 침묵하는

☐ **note** 알아차리다, 주목하다, 적어 두다

☐ **abandon** 버리다

☐ **glide** 활공하다, 미끄러지듯 가다

☐ **mining** 채굴, 광산업

☐ **colony** 식민지, 작은 마을

☐ **creep** 살금살금 움직이다

☐ **ransack** 뒤지다, 뒤집어엎다

☐ **oddity** 이상함, 특이함, 기이함

☐ **throughout** (장소) 도처에, 온통, (시간) 처음부터 끝까지, ~동안 내내

☐ **display** 전시, 진열

☐ **surrender** 포기하다, 넘겨주다, 항복하다, 굴복하다

p228

☐ **avenge** 복수하다

☐ **nearly** 거의

☐ **throw** 던지다

☐ **give up** 포기하다, 그만두다

☐ **search** 수색, 검색, 찾아보다

☐ **regroup** (조직을) 재편성하다, (전열을) 가다듬다

☐ **by surprise** 불시에

☐ **swat** 찰싹 때리다

☐ **deflection** 꺾임, 굴절

☐ **parry** (공격하는 무기를) 쳐내다, 막다

☐ **jab** 찌르다

☐ **focus on** ~에 주력하다, 초점을 맞추다

p230

☐ **angle** 비스듬하게 하다, 기울이다

☐ **thrust** (무기로) 찌르다

52

- □ plunge 찌르다, 거꾸러지다
- □ shock 충격, 충격을 주다
- □ trick 묘책, 속임수
- □ balance 균형, 균형을 이루다
- □ hilt (칼) 자루
- □ pop 튀어나오다, 뻥하고 소리 나다
- □ briefly 잠시, 간단히
- □ betray 배신하다
- □ collapse 붕괴되다, 쓰러지다

p232

- □ jolt 정신적 충격, (사람, 물건을) 뒤흔들다, (남을) 놀라게 하다
- □ sadness 슬픔
- □ sense 감각, 느끼다, 감지하다
- □ disappear 사라지다
- □ for sure 확실히, 틀림없이
- □ mess 엉망 진창인 상태
- □ priceless 값을 매길 수 없는, 대단히 귀중한
- □ artifact 인공물, 공예품
- □ flame 불길, 불꽃
- □ burn 불타다
- □ madman 미친 사람, 미치광이
- □ reality 현실, 실제 상황
- □ disappoint 실망시키다
- □ gust 돌풍, 세찬 바람, 몰아치다
- □ slice 부분, 조각
- □ void 빈 공간
- □ fabric 직물, 천, (사회, 조직 등의) 구조

p234

- □ wickedly 사악하게, 심술궂게
- □ actuality 현실, 실제

- □ **surroundings** 환경
- □ **pale** 창백한, 창백해지다
- □ **plainly** 분명히, 솔직히, 검소하게
- □ **discuss** 의논하다, 상의하다
- □ **mortal** 치명적인, 영원히 살 수는 없는
- □ **enemy** 적
- □ **lunge** 달려들다, 돌진하다
- □ **wicked** 사악한, 못된
- □ **unspool** 풀어지다

p236

- □ **spring** 튀다, 뛰어오르다
- □ **tightly** 꽉, 단단히
- □ **underwhelm** 실망시키다, 감명을 주지 못하다
- □ **aflame** 불타는
- □ **calmly** 침착하게, 고요히
- □ **choke out** (목이 메어) 간신히 ~라고 말하다
- □ **plea** 애원, 간청
- □ **egg on** ~을 부추기다, 꼬드기다

p238

- □ **hesitate** 망설이다, 주저하다
- □ **fulfill** (약속 등을) 이행하다, 완료하다, (소망 등을) 달성하다, 성취하다
- □ **pact** (국가간의) 조약, 협정, (개인간의) 약속, 계약
- □ **squeeze** 짜다, 쥐어짜다, (총의 방아쇠를) 잡아당기다
- □ **trigger** (총의) 방아쇠
- □ **bubble** 비누방울
- □ **barrel** (총의) 총열
- □ **ethereal** 미묘한, 영묘한, 천상의, 하늘의
- □ **envelop** 뒤덮다, 감싸다
- □ **captive** 포로, 사로잡힌
- □ **regain** 되찾다, 회복하다, 되돌아오다

- □ **normal** 보통의, 평범한, 정상적인
- □ **gut** 소화관, 내장, 직감, 본능

🗂 이 문장도 짚고 가기!

❶ She was reaching out to touch him, to see if this was truly over, when a sound made her blood run cold.

그 소리가 그녀의 간담을 서늘하게 했을 때, 그녀는 진짜로 끝난 것인지 확인하기 위해 그를 만지려 손을 뻗었다.

▶ 노웨어에 도착한 가모라가 자신의 아버지인 타노스를 발견하고 공격합니다. 그리고 그가 정말로 쓰러지자 깜짝 놀랍니다. blood run cold를 직역하면 '피가 차가워지다'라는 뜻인데요. 피가 차갑게 식을 정도로 겁에 질리거나 오싹한 상태를 의미합니다. 소름이 끼칠 정도로 무서운 상황에서 사용할 수 있는 표현입니다.

본책 p244

📖 원서가 술술 읽히는 단어장

p244

- ☐ **run high** (감정이) 고조되다, 격해지다
- ☐ **presume** 추정하다, 가정하다
- ☐ **off-world** 지구를 벗어난
- ☐ **Secretary of State** 국무장관
- ☐ **arrest** 체포하다
- ☐ **treason** 반역죄
- ☐ **decline** (정중히) 거절하다, 사양하다, 감소하다
- ☐ **court martial** 군법 회의, 군법 재판

p246

- ☐ **within** 이내에, 안에서
- ☐ **shape up** (특히 좋은 방향으로) 되어 가다, 전개되다, 태도를 개선하다
- ☐ **forget** 잊다
- ☐ **gingerly** 아주 조심스럽게, 신중하게
- ☐ **bracer** 받치는 것, 죄는 것, 빗줄, 띠, (갑옷의) 팔 보호구
- ☐ **operate** 작동하다, 움직이다
- ☐ **casualty** 피해자, 사상자
- ☐ **guilt** 죄책감, 유죄
- ☐ **genuine** 진짜의, 진품의, 진실한
- ☐ **gratitude** 고마움, 감사
- ☐ **distance** 거리
- ☐ **sink in** 충분히 인식되다, 스며들다
- ☐ **rough** 험한, 거친
- ☐ **lab (laboratory)** 실험실, 연구실

p248

- ☐ **den** 동굴, 소굴, 작업실, 비밀의 장소

- ☐ **war room** (군사) 작전실, (기업 등의) 전략 회의실
- ☐ **animated** 활기찬, 활발한, 생기가 있는
- ☐ **odds** 역경, 곤란, 가능성
- ☐ **somewhere** 어딘가에
- ☐ **hopefully** 바라건대, 희망을 갖고
- ☐ **entire** 전체의, 전부의, 완전한
- ☐ **protect** 지키다, 보호하다
- ☐ **destroy** 파괴하다, 멸망시키다
- ☐ **stare** 응시하다, 빤히 쳐다보다
- ☐ **moment** 잠시, 순간
- ☐ **gently** 부드럽게, 약하게, 다정하게
- ☐ **embed** (단단히) 박다, 끼워 넣다
- ☐ **a good deal of** 다량의, 많은
- ☐ **entity** 독립체
- ☐ **nature** 본질, 자연
- ☐ **composition** 구성, 합성, 작곡

p250

- ☐ **resistance** 반대, 저항
- ☐ **expose** 노출시키다, 드러내다
- ☐ **sufficiently** 충분히
- ☐ **signature** 서명, (음악) 기호, 특징, 표시
- ☐ **molecular** 분자의
- ☐ **integrity** 고결, 성실, 정직, 진실성, 온전함
- ☐ **admonish** 타이르다, 꾸짖다, 경고하다
- ☐ **conversation** 대화
- ☐ **eliminate** 없애다, 제거하다, 삭제하다
- ☐ **price** 대가, 가격
- ☐ **plead** 애원하다, 변호하다
- ☐ **stroke** 쓰다듬다, 어루만지다
- ☐ **defeat** 물리치다, 패배시키다, 이기다
- ☐ **forward** 앞으로

p252

- [ ] **trade** 거래, 교역, 무역, 사업, 거래하다
- [ ] **discussion** 토론, 논의
- [ ] **complex** 복잡한, 복합 건물
- [ ] **construct** 구조물
- [ ] **overlay** 덮어씌우는 것, 덮어씌우다
- [ ] **intrigued** 아주 흥미로워하는, 궁금해하는
- [ ] **implication** (행동이 초래할 수 있는) 결과, 영향
- [ ] **dyed** 물들인, 염색된
- [ ] **on the run** 도망을 다니는, 도주 중인
- [ ] **pardon** 용서, 허용, 관대, 용서하다, 사면하다

p254

- [ ] **slip away** 사라지다, 없어지다, 죽다
- [ ] **warn** 경고하다
- [ ] **extra** 추가의, 여분의
- [ ] **sparkle** 반짝거림, 광채, 반짝이다
- [ ] **untrained** 훈련되어 있지 않은
- [ ] **mere** 단순한, 단지 ~에 불과한
- [ ] **fortunately** 다행히도, 운이 좋게도
- [ ] **galaxy** 은하계
- [ ] **still** 가만히 있는, 고요한, 정지한

p256

- [ ] **serve** 제공하다, (사람, 조직 등을 위해) 일하다, 근무하다
- [ ] **brag** 자랑하다, 떠벌리다
- [ ] **inhale** 숨을 들이마시다
- [ ] **sharply** 재빨리, 날카롭게
- [ ] **rendezvous** 만나기로 한 장소
- [ ] **vaguely** 약간, 조금, 모호하게, 흐릿하게
- [ ] **irritating** 짜증나는, 화나게 하는, 귀찮은
- [ ] **lean in** (몸을) 기울이다, 기대다

58

- □ cheek 뺨
- □ resilient 회복력 있는
- □ punishment 벌, 처벌
- □ mind 정신, 마음
- □ contact 접촉, 연락
- □ undetected 아무에게도 들키지 않는
- □ overlook 내려다보다, 간과하다

- □ outerwear 겉옷
- □ loyalty 충성, 충성심
- □ intuitive 직관적인, 사용하기 쉬운
- □ fault 잘못, 책임
- □ rush out ~을 급히 만들어 내다
- □ embarrassed 당황스러운, 어색한
- □ consequence 결과
- □ flood 홍수, 채우다, 가득 들어오다
- □ field trip 현장 학습
- □ one-way ticket 편도 승차권

p260

- □ gaze 시선, 응시하다
- □ fully 완전히, 충분히
- □ chastise 꾸짖다, 혼내 주다
- □ ledge 선반, 바위 턱
- □ situation 상황, 처지, 환경
- □ mistake 실수
- □ determine 결정하다, 알아내다
- □ rack one's brain 깊이 생각하다, 궁리하다
- □ snap 딱 하고 소리 나게 하다
- □ mentally 정신적으로, 마음속으로
- □ individual 각각의, 개인의

- □ various 다양한
- □ painful (몸이) 아픈, 고통스러운, (마음이) 괴로운
- □ muse 혼잣말을 하다, (깊이) 생각하다
- □ originally 독창적으로, 처음부터, 원래는, 본래는
- □ microsurgery 현미경을 이용한 수술

p262

- □ professional 전문가의
- □ inconsequential 하찮은, 중요하지 않은
- □ disbelief 믿기지 않음, 불신
- □ coldness 차가움
- □ needle 바늘, 침, 신경을 건드리다
- □ unfortunately 불행하게도
- □ ankle 발목
- □ solid 고체, 단단한, 고체의,

p264

- □ suck 빨아내다, 빨다
- □ mechanical 기계 장치의, 기계로 작동되는
- □ arachnid 거미류
- □ exclaim 소리치다, 외치다
- □ intuitively 직감적으로
- □ freedom 자유
- □ hole 구멍
- □ tormentor 괴롭히는 사람
- □ freeze 얼다, 얼리다
- □ inspired 영감을 받은
- □ catch one's breath 숨을 고르다, 숨을 돌리다
- □ retract 집어넣다
- □ by the way 그런데
- □ throat 목구멍, 목

- ☐ **intently** 열심히, 골똘하게
- ☐ **course** 진행, 진로, 방향, 방책, 과정
- ☐ **autopilot** (항공기, 배의) 자동 조종 장치
- ☐ **gravely** 진지하게, 근엄하게
- ☐ **goatee** 염소 수염
- ☐ **reiterate** 반복하다, 되풀이하다
- ☐ **patience** 인내심, 참을성
- ☐ **propose** (계획, 생각 등을) 제안하다
- ☐ **aghast** 경악한, 겁에 질린
- ☐ **under no circumstances** 무슨 일이 있어도, 어떤 경우에도
- ☐ **at stake** 성패가 달려있는, 위태로운

- ☐ **insult** 모욕하다
- ☐ **emphasis** 강조
- ☐ **turf** 잔디, 근거지, 자기 지역
- ☐ **concur** 동의하다, 의견 일치를 보다
- ☐ **tense** 긴장된, 긴박한
- ☐ **silence** 침묵, 정적
- ☐ **mull** 숙고하다, 궁리하다, 머리를 짜다
- ☐ **alternative** 대안, 대체 가능한
- ☐ **brash** 자신만만한, 성급한, 경솔한
- ☐ **cocky** 자만심에 찬
- ☐ **argument** 논쟁, 언쟁, 주장
- ☐ **measured** 침착한, 신중한, 균형이 잡힌

- ☐ **shuffle** (발을) 질질 끌다, 뒤섞다, ~을 이리저리 움직이다
- ☐ **mimic** 흉내를 내다, 모방하다
- ☐ **knight** (중세의) 기사, ~에게 기사 작위를 수여하다
- ☐ **relish** 즐기다, 좋아하다

❶ "It's great to see you, Cap," Rhodey said, gingerly making his way to Steve, walking with bracers that kept his legs operating—another casualty of the Civil War, as people called it. "반갑네, 캡." 로디가 다리를 움직이게 하는 교정기로 스티브에게 천천히 걸어가며 말했다. 사람들이 말하는 시빌 워의 또 다른 피해자였다.

▶ 이 문장에서 로디를 '시빌 워의 피해자'라고 칭하는 이유는 로디가 비전의 공격을 잘못 맞아 추락한 뒤 하반신이 마비됐기 때문입니다. 더 자세한 내용이 궁금하신 분은 〈캡틴 아메리카: 시빌 워〉를 참고 하세요.

❷ We don't trade lives, Vision. 우린 목숨을 놓고 거래하지 않아, 비전.

▶ 스스로를 희생해서라도 마인드 스톤을 파괴하려는 비전에게 캡틴 아메리카가 말하는 장면입니다. 다수의 생명을 지키기 위해서 한 생명을 희생시킬 수 없다는 그의 신념을 엿볼 수 있는 대사입니다. 특히 마인드 스톤을 비전의 이마에서 분리할 수 있다는 것을 알게 된 이상, 더더욱 비전을 위험에 처하게 할 수는 없겠죠?

❸ Defeating Thanos meant she, the people in this room, Hawkeye, Ant-Man, and others wouldn't have to be on the run anymore. 타노스를 패배시킨다는 것은 그녀와 그 방에 있는 사람들, 호크아이, 앤트맨 그리고 다른 이들이 더이상 도망을 다닐 필요가 없다는 것을 의미했다.

▶ 캡틴 아메리카와 호크아이, 앤트맨, 완다, 팔콘은 히어로들을 규제하는 소코비아 협정에 반대해 도망을 다니는 신세입니다. 블랙 위도우는 어벤져스가 타노스를 무찌른다면, '히어로는 해를 끼치는 존재'라는 대중의 인식을 바꿀 수 있으며 더는 도망을 다니지 않아도 된다고 생각합니다.

❹ Did you ever see this really old movie *Aliens*?

'에이리언'이란 옛날 영화 본 적 있어요?

▶ 이 장면에서 오래된 영화 〈에이리언〉이 언급되는 이유, 궁금하셨나요? 〈에이리언〉에서 우주선에 구멍을 뚫어 상대를 우주 공간으로 날려버리는 장면이 나오기 때문입니다. 이 장면은 〈에이리언〉 1편에도 나오고 2편에도 나오지만 스파이더맨이 언급한 영화는 한국에서 〈에이리언 2〉로 알려진 영화입니다.

❺ Tony waited, ready to stand his ground.

토니는 자신의 입장을 고수할 준비를 하며 기다렸다.

▶ 지구가 아닌 타이탄에서 타노스를 공격하자고 토니가 닥터 스트레인지에게 제안하는 장면입니다. 토니는 스트레인지가 자신의 의견에 동의하든 안 하든 뜻을 굽힐 생각이 없는데요. stand one's ground는 '반대 의견에 맞서 자신의 입장이나 위치를 유지한다'라는 의미입니다.

📖 원서가 술술 읽히는 단어장

p276

- ☐ **throne room** (왕좌가 있는) 공식 알현실
- ☐ **spit** 뱉다, 내뱉다, 침을 뱉다

p278

- ☐ **fury** (격렬한) 분노
- ☐ **almost** 거의
- ☐ **rage** 몹시 화를 내다
- ☐ **scrounge** 슬쩍 훔치다, (음식을) 찾아다니다, (공짜로) 얻어 내다
- ☐ **scrap** 남은 음식
- ☐ **on the brink of** ~의 직전에
- ☐ **belly** (몸의) 배
- ☐ **paradise** 낙원, 천국
- ☐ **proudly** 자랑스럽게
- ☐ **yell** 소리치다, 고함치다
- ☐ **salvation** 구원
- ☐ **calculus** (수학) 계산법, 미적분학
- ☐ **finite** 유한한, 한정된

p280

- ☐ **unchecked** 억제되지 않은, 검사받지 않은
- ☐ **cease** 그만두다, 중지하다, 멈추다
- ☐ **exist** 존재하다
- ☐ **secret** 비밀
- ☐ **knowledge** 지식
- ☐ **correction** 수정, 정정
- ☐ **unreadable** 읽을 수 없는, 읽을 가치가 없는
- ☐ **retort** 쏘아붙이다, 대꾸하다

- prison 감옥
- suspend 매달다, 걸다
- cybernetic 인공 두뇌학의
- dissect 해부하다, 절개하다, 세밀히 조사하다
- sneak 몰래 움직이다, 살금살금 가다
- assassin 암살범

p282

- beg 애원하다, 간청하다
- credit 신뢰, 평판, 명예, 공, 칭찬
- generous 관대한, 너그러운
- flinch 움찔하다
- raw 날것의, 가공되지 않은, 원초적인
- universal 일반적인, 전 세계의, 우주의, 완전한
- emanate 발산하다, 발하다, 내뿜다
- probably 아마
- access 접속하다, 접근하다
- location 위치, 장소
- anguish 괴로움, 비통
- partial 부분적인
- relief 안도, 안심

p284

- show 보여 주다, 증명하다, 안내하다
- neutron 중성자
- forge 대장간, 용광로, 구축하다
- focal 중심의, 초점의
- in ruins 폐허가 된, 엉망이 된
- partially 부분적으로, 불완전하게
- mainly 주로, 대부분
- century 100년, 1세기
- wreckage 잔해

- □ **possible** 가능성 있는, 가능한
- □ **mystery** 수수께끼, 신비

p286

- □ **mold** 틀, 주형, 거푸집
- □ **intact** 온전한
- □ **inset** 끼워 넣은 것, 삽입하다
- □ **birthplace** 출생지, 발상지, 근원지
- □ **shaggy** (머리털 등이) 텁수룩한
- □ **bushy** 무성한, 숱이 많은
- □ **oversized** 너무 큰, 특대의
- □ **mane** (말, 사자의) 갈기, (사람의) 길고 숱 많은 머리털
- □ **calmingly** 차분하게

p288

- □ **tatter** 갈가리 찢다
- □ **tangle** 헝클어지다, 엉키다, 얽히다
- □ **recognition** 알아봄, 인식
- □ **long-time** 오랜, 오랫동안의
- □ **happen** 일어나다, 발생하다
- □ **shame** 수치심
- □ **regret** 후회, 후회하다
- □ **harness** (동력원 등으로) 이용하다
- □ **despair** 절망
- □ **tinge** 기운, 색조, (느낌, 기운 등을) 가미하다
- □ **gnarl** 비틀다, 구부리다
- □ **encase** 감싸다, 둘러싸다
- □ **unbreakable** 부서뜨릴 수 없는
- □ **steel** 강철
- □ **commanding** 위엄 있는
- □ **attitude** 태도, 자세

- ☐ **axe** 도끼
- ☐ **hammer** 망치, 망치로 치다
- ☐ **sword** 칼, 검
- ☐ **stir** 마음을 흔들다, 동요 시키다
- ☐ **dedicate** 헌신하다, 전념하다
- ☐ **whirl** 빙글빙글 도는 것, 소동, 회전하다
- ☐ **extend** 확장하다, 확대하다, 늘리다
- ☐ **strict** 엄격한

- ☐ **trap** 덫, 함정
- ☐ **overcome** 극복하다, (적 등을) 이기다, 압도하다
- ☐ **cell** 세포, 감방
- ☐ **punch** 누르다, 주먹으로 치다
- ☐ **acknowledge** 인정하다, 감사하다
- ☐ **hush** 조용하게 하다, 입을 다물게 하다, 침묵하다
- ☐ **whisper** 속삭이다
- ☐ **landing** 착륙
- ☐ **gravity** 중력
- ☐ **ebb** 감퇴, 쇠퇴기, (힘 따위가) 약해지다, 줄다
- ☐ **combined** 결합한, 합동의, 연합의
- ☐ **strength** 힘, 기운

- ☐ **pronged** 가닥이 진
- ☐ **litter** 흐트러져 어지럽히다
- ☐ **ash** 재
- ☐ **grave** 무덤, 죽음, 심각한
- ☐ **bearing** 방향, 태도
- ☐ **outcrop** (암석 등의) 노출부, 돌발 사건
- ☐ **magical** 마법의, 마력이 있는

☐ **disarm** 무장 해제시키다

p296

☐ **recover** 회복하다

☐ **pin** 꽂다, 꼼짝 못 하게 하다

☐ **muscular** 근육질의, 근육이 발달한

☐ **easily** 쉽게

☐ **wrestle** 씨름하다, 몸싸움을 벌이다

☐ **blanket** 담요, 뒤덮다

☐ **overestimate** 과대평가하다

☐ **reveal** 드러내다, 밝히다

☐ **chill out** 긴장을 풀다, 열을 식히다, 진정하다

☐ **recent** 최근의, 근래의

☐ **adversary** 적, 적수, 반대자, 상대편

☐ **address** 주소, 연설, (누구에게 직접) 말을 걸다

☐ **faceplate** 안면 보호용 금속판

p298

☐ **scoff** 비웃다, 조롱하다

☐ **importance** 중요성

☐ **challenge** 도전하다, (논쟁, 시합을) 걸다, (결투를) 신청하다

☐ **philosophical** 철학의, 철학에 관련된, 냉철한

☐ **defiant** 반항적인, 도전적인

☐ **saunter** 거닐다, 산책하다, 느긋하게 걷다

☐ **unsure** 확신하지 못하는

p300

☐ **extremely** 극도로, 극히, 대단히, 몹시

☐ **announce** 알리다, 발표하다

☐ **gasp** 헉 하는 소리, 숨이 턱 막히다

☐ **shy** 수줍은, 부끄러워하는

☐ **survive** 살아남다, 생존하다

- [ ] interest 호기심, 관심
- [ ] pique (흥미, 호기심 따위를) 불러일으키다, 자극하다
- [ ] unfold 펴다, 펼치다, (진상 등이) 밝혀지다, 드러나다
- [ ] depth 깊이
- [ ] empty 빈, 비어 있는, 공허한
- [ ] ancient 고대의

p302

- [ ] withering 기를 죽이는, 위축시키는
- [ ] possibility 가능성, 기회
- [ ] legend 전설
- [ ] miracle 기적
- [ ] restart 다시 시작하다
- [ ] awaken (잠에서) 깨우다, (감정이) 일다

p304

- [ ] captain 우두머리, 주장, 지도자, 지휘자
- [ ] so far 지금까지, 이 시점까지
- [ ] bounce 튀다, 튀어 오르다, 깡충깡충 뛰다
- [ ] refurbish 새로 꾸미다, 일신하다
- [ ] measure 측정하다, 판단하다
- [ ] degree (각도, 온도의 단위인) 도, 정도
- [ ] axis 중심축
- [ ] steer (보트, 자동차 등을) 조종하다, 이끌다, 몰고 가다
- [ ] bring down ~을 패배시키다, ~을 쓰러뜨리다
- [ ] advantage 유리한 점, 이점, 장점
- [ ] simple 간단한, 단순한, 소박한
- [ ] draw 그리다, 끌어들이다, 당기다

p306

- [ ] yawn 하품, 하품하다
- [ ] infuriate 극도로 화나게 만들다

- □ **frustration** 좌절감, 불만
- □ **rudeness** 무례함
- □ **gesture** 손짓, 몸짓, 동작
- □ **disturb** 방해하다, 불안하게 만들다
- □ **rapid** 빠른, 급한, 신속한

p308

- □ **trance** 가수 상태, 무아지경, 황홀, 열중, 최면 상태
- □ **position** 자세, 위치, 두다
- □ **nightmare** 악몽
- □ **wordlessly** 말없이
- □ **curiosity** 호기심
- □ **contain** 담고 있다, 포함하다, (감정을) 억누르다, 참다
- □ **composure** (마음의) 평정
- □ **alternate** 대체 가능한, 대안이 되는
- □ **effort** 노력, (노력의) 결과
- □ **conflict** 갈등, 물리적 충돌

p310

- □ **single** 단 하나의, 단일의, 혼자인
- □ **orbit** 궤도를 돌다
- □ **devoid** ～이 전혀 없는
- □ **claim** 주장, 권리, 자격
- □ **glory** 영광, 영예, 찬란한 아름다움
- □ **crimson** 진홍색
- □ **tint** 색조, 엷은 색, 염색하다
- □ **solar eclipse** 일식
- □ **peak** 절정, 정점, 최고조, (산의) 봉우리, 정상
- □ **trek** 오래 걷기, 트레킹, (힘들게) 걷다, 전진하다, 여행하다
- □ **appear** 나타나다, 출현하다
- □ **darkness** 어둠, 암흑

p312

- ☐ **roughly** 대략, 거의
- ☐ **achieve** 달성하다, 성취하다, 해내다, 이루다
- ☐ **evade** 피하다, 모면하다, (노력 등을) 헛되게 하다
- ☐ **tale** 이야기, 설화, 소문
- ☐ **storm** 폭풍, 폭풍우
- ☐ **extract** 추출하다, 뽑다, 받아내다
- ☐ **terrible** 엄청난, 끔찍한
- ☐ **capable** ~을 할 수 있는, 유능한, 능력 있는
- ☐ **hollow** 움푹 꺼진, 빈
- ☐ **beneath** 아래에, 밑에
- ☐ **ritualistic** 의식 절차상의, 의례적인
- ☐ **temple** 신전, 사원
- ☐ **boulder** (물이나 비바람에 씻겨 반들반들해진) 바위

p314

- ☐ **scorched** 그을린, 탄
- ☐ **edge** 끝, 가장자리, 모서리
- ☐ **cliff** 절벽
- ☐ **comfortable** 편안한
- ☐ **advice** 조언, 충고
- ☐ **confused** 혼란스러운, 당황한
- ☐ **bottom** 맨 아래, 바닥
- ☐ **wisdom** 지혜
- ☐ **possess** 소유하다, 가지다, 지니다
- ☐ **demand** 요구하다, 필요로 하다
- ☐ **sacrifice** 희생

p316

- ☐ **in order to** ~을 위하여
- ☐ **soul** 영혼
- ☐ **deserve** ~할 가치가 있다, ~할 만하다

71

- ☐ **torture** 고문, 고문하다, 지독히 괴롭히다
- ☐ **mercy** 자비
- ☐ **bitter** 쓰라린, 격렬한, 혹독한
- ☐ **haunting** 잊을 수 없는, 마음에서 떠나지 않는, 불안하게 하는
- ☐ **realization** 깨달음, 자각, 실현

p318

- ☐ **shakily** 떨며, 비틀거리며
- ☐ **confess** 고백하다, 자백하다
- ☐ **tumble** 넘어지다, 굴러떨어지다, 폭락하다
- ☐ **slab** 석판, (두꺼운) 조각
- ☐ **rag** 헝겊, 넝마
- ☐ **illuminate** 비추다, 밝히다
- ☐ **release** 풀어주다, 놓아주다, 해방하다
- ☐ **pure** (색깔, 소리, 빛이) 순수한
- ☐ **worth** 가치가 있는
- ☐ **repeat** 반복, 반복하다

❶ So I've been told. 그렇다고 들었다.

▶ 타노스의 왕좌가 싫었다는 가모라의 말에 그가 대답하는 장면입니다. 일반동사 tell(말하다)이 be told가 되면 '말을 듣다'라는 표현이 됩니다. have been told that은 '(과거부터 지금까지) ~라는 말을 들어왔다.' 또는 '들은 적이 있다.'는 뜻입니다.

❷ Everybody stay where you are. Chill out.

모두 제자리에 그대로 있어. 진정해.

▶ chill out은 '진정하다' 또는 '쉬다'라는 뜻을 가지고 있는데요. 퀼이 가모라의 행방을 묻기 위해 모두 그만 싸우고 진정하라고 말하는 것입니다.

❸ On Titan, the Guardians and the Avengers were attempting to come to a meeting of the minds.

타이탄에서는 가디언즈와 어벤져스가 의견 일치를 보려고 시도 중이었다.

▶ 어벤져스와 가디언즈는 타노스를 무찌르겠다는 동일한 목표를 가지고 있는데요. meeting of the minds는 여러 사람이 같은 의견을 가지고 있거나 한 의견에 동의하는 상황일 때 사용할 수 있는 표현입니다.

❹ Definitely don't wanna dance with this guy. We just want the gauntlet. 당연히 그놈과 춤출 시간은 없어. 건틀렛만 뺏는 거지.

▶ 타노스를 유인해 꼼짝 못 하게 한 뒤 건틀렛을 빼앗자고 토니가 아이디어를 냅니다. 여기서 토니가 말하는 dance는 타노스와 춤을 춘다는 것이 아니라, 마치 춤을 추듯 치고받는 싸움을 비유적으로 표현한 단어입니다. 몸을 이리저리 움직이며 춤추듯 싸우는 모습이 머릿속에 그려지시나요?

📖 원서가 술술 읽히는 단어장

p324

- ☐ **technological** 과학 기술의, 기술상의
- ☐ **marvel** 놀라운 일, 놀람, 감탄, 경이, 놀라다, 경탄하다
- ☐ **recently** 최근에

p326

- ☐ **fate** 운명
- ☐ **trillion** 1조, 엄청난 양
- ☐ **hang in the balance** 위기에 처해 있다
- ☐ **aka (also known as)** ~라고 알려진
- ☐ **panther** 검은 표범
- ☐ **long-time** 오랜, 오랫동안의
- ☐ **mutter** 중얼거리다, 투덜거리다
- ☐ **imagine** 상상하다
- ☐ **playful** 장난기 많은
- ☐ **spread** 펴다, 펼치다, 뻗다, 벌리다
- ☐ **unspoken** 무언의, 말로 하지 않은
- ☐ **bond** 유대, 끈, 결합시키다
- ☐ **mutual** 서로의, 상호 간의
- ☐ **respect** 존중, 존경하다
- ☐ **earn** (돈을) 벌다, 일하여 얻다, 획득하다

p328

- ☐ **assault** 공격
- ☐ **calculate** 계산하다
- ☐ **survey** 살피다, 점검하다
- ☐ **trail off** 차츰 잦아들다
- ☐ **prosthetic** 인공 기관의, 보철의

- ☐ equip 장비를 갖추다
- ☐ courtesy 예의, 공손함, 정중함, 호의
- ☐ uncertainty 불확실, 반신반의, 불안정
- ☐ plague 전염병, 괴롭히다, 성가시게 하다
- ☐ meditation 명상, 묵상, 심사숙고

p330

- ☐ clarity 명확성, 선명도
- ☐ stretch 늘이다, 늘어나다, 당기다, 이어지다
- ☐ technology 기술
- ☐ figuratively 비유적으로, 상징적으로
- ☐ advanced 선진의, 진보한, 진보적인, 고급의
- ☐ society 사회, (특정한) 집단, 단체
- ☐ polymorphic 다형의
- ☐ huddle 모이다, 붐비다, 모여서 협의하다
- ☐ examine 조사하다, 검사하다, 진찰하다
- ☐ surgical 수술의
- ☐ surround 둘러싸다, 에워싸다, 포위하다

p332

- ☐ bead 구슬, 유리알
- ☐ scan (유심히) 살피다, (스캐너로) 스캔하다
- ☐ holographic 홀로그램의
- ☐ intricate 얽힌, 복잡한, 난해한
- ☐ pattern 양식, 패턴
- ☐ weave 엮다, 엮어 만들다
- ☐ envy 부러움, 선망, 부러워하다
- ☐ contribute 기여하다, 기부하다, 공헌하다
- ☐ collectively 집합적으로, 총괄하여
- ☐ process 과정
- ☐ nervously 초조하게
- ☐ assemble 모이다, 모으다, 집합시키다

- ☐ **ensure** 보장하다, 지키다, 확실하게 하다
- ☐ **personally** 직접, 개인적으로
- ☐ **bracelet** 팔찌
- ☐ **capital** 수도
- ☐ **multiple** 많은, 다양한
- ☐ **weaken** 약화시키다, 약해지다, ~의 힘을 빼다
- ☐ **volley** 총격, 일제 사격
- ☐ **pierce** 뚫다, 찌르다
- ☐ **spike** 못, 못을 박다
- ☐ **siege** 포위, 포위 공격, 집요한 설득
- ☐ **armada** 함대
- ☐ **tremor** 떨림, 전율, 진동, 미동
- ☐ **quake** 몸을 떨다, (땅, 건물이) 흔들리다, 진동하다
- ☐ **unmistakable** 틀림없는, 오해의 여지가 없는

- ☐ **logical** 논리적인, 타당한
- ☐ **bark** 소리지르며 말하다, 고함치다
- ☐ **assure** 확인하다, 장담하다
- ☐ **moral** 도덕의, 윤리의, 정신적인, 마음으로의
- ☐ **support** 지지하다, 지원하다
- ☐ **evacuate** 대피시키다, 떠나, 피난하다
- ☐ **defense** 방어, 수비
- ☐ **outnumber** ~보다 수가 더 많다, 수적으로 우세하다
- ☐ **underestimate** 과소평가하다, 경시하다

- ☐ **tribe** 부족, 종족
- ☐ **unite** 연합하다, 합치다, 통합하다, 합병하다
- ☐ **banner** 깃발, 상징, 표상, 현수막
- ☐ **alongside** 나란히, ~옆에

- ☐ **fang** 송곳니
- ☐ **humanoid** 인간과 비슷한 기계
- ☐ **claw** 발톱, 할퀴다, 긁다
- ☐ **climb** 올라가다
- ☐ **limb** 팔다리, 사지, 날개, 큰 가지
- ☐ **surrender** 항복, 항복하다, 굴복하다, 투항하다
- ☐ **armor** 갑옷, 철갑

p340

- ☐ **blood** 피
- ☐ **chill** 냉기, 한기, 오싹하게 만들다
- ☐ **spill** (액체를) 흘리다, 쏟다, 흐르다
- ☐ **suicide** 자살
- ☐ **hail** 부르다, 소리치다
- ☐ **neural** 신경의
- ☐ **pathway** 경로, 좁은 길
- ☐ **precision** 정확성
- ☐ **extract** 추출하다, 뽑다

p342

- ☐ **carnage** 대학살
- ☐ **reconnaissance** (군사적인 목적의) 정찰
- ☐ **interior** 내부, 안쪽, 내부의, 국내의, 내면의
- ☐ **bank** 비스듬히 날다
- ☐ **horde** (큰) 무리
- ☐ **perimeter** 주변, 주위
- ☐ **dire** 대단히 심각한, 엄청난
- ☐ **block** 막다, 차단하다
- ☐ **forearm** 팔뚝
- ☐ **shade** 그늘, 그늘지게 하다

- □ **powerfully** 강력하게, 유력하게, 많이, 매우
- □ **deliver** 배달하다, 전하다, (연설을) 하다, (판결, 명령을) 내리다
- □ **predict** 예견하다, 예측하다
- □ **noble** 고결한, 고귀한, 숭고한, 웅장한, 귀족의
- □ **pour** 붓다, 따르다, 쏟아져 들어오다
- □ **survival** 생존

- □ **rally** 단결하다, 집결하다
- □ **prove** 증명하다, 판명되다
- □ **rotate** 회전하다, 순환하다, 교대하다
- □ **undeterred** (방해 등에도) 단념하지 않는, 좌절하지 않는
- □ **slay** 살해하다, 죽이다, 소멸시키다

- □ **occurrence** 발생, 사건, 일어난 일
- □ **electricity** 전기, 강렬한 흥분
- □ **attacker** 공격자
- □ **whoop** (기쁨, 흥분 등으로) 와 하고 함성을 지르다

- □ **eventual** 궁극적인, 최종적인
- □ **destruction** 파괴
- □ **intruder** 침입자, 난입자
- □ **suspicion** 의심, 의혹
- □ **casually** 우연히, 무심코, 문득
- □ **toll** 통행료, 요금, (사고, 재해 등의) 희생자 수
- □ **accomplish** 완수하다, 성취하다
- □ **counter** 반대하다, 반박하다, 대응하다
- □ **presence** 존재

- □ clench (주먹을) 꽉 쥐다, 이를 악물다
- □ thrive 번성하다, 번영하다, 성공하다, 잘 자라다
- □ metropolitan 대도시의
- □ extinction 멸종, 종결, 절멸
- □ genocide 대량 학살, 집단 학살
- □ mince 점잖게 말하다, 잘게 썰다
- □ random 무작위의, 임의로
- □ dispassionate 감정에 좌우되지 않는, 냉정한, 공평한

- □ prophet 예언자, 선지자
- □ trillion 1조
- □ point of view 관점, 견해, 입장, 생각
- □ column 기둥
- □ require 필요하다, 요구하다
- □ wry 비꼬는, 풍자적인

- □ on cue 마침 때맞춰
- □ combine 결합하다, 연합하다, 합병하다
- □ rope 밧줄
- □ dagger 단검
- □ struggle 투쟁하다, 분투하다, 몸부림치다
- □ overhead 머리 위로, 하늘 높이

- □ further 더 멀리, 더 앞에, 게다가
- □ subdue 진압하다, 정복하다, (감정을) 억누르다
- □ pummel (주먹으로) 계속 치다, 때리다
- □ savagely 무자비하게, 사납게, 잔인하게
- □ snide 비열한, 가짜의, 믿을 수 없는 사람

- □ sneer 비웃다, 조롱하다
- □ hesitation 망설임

p360

- □ critical 중대한, 위태로운
- □ temple 신전, 사원, 관자놀이
- □ establish 설립하다, 성립시키다
- □ gloat (자신의 성공에) 흡족해하다
- □ boast 뽐내다, 자랑하다

p362

- □ sway 흔들리다, 흔들다
- □ contort 뒤틀리다, 일그러지다
- □ pry 들어 올리다, 움직이다, 캐내다
- □ glare 노려보다, 쏘아보다
- □ sorrowful 슬픈
- □ confusion 당혹, 혼란
- □ expression 표현, 표정
- □ addition 추가, 부가, 첨가, 증가, 덧셈

p364

- □ dude 놈, 녀석
- □ clown 광대
- □ fancy 화려한, 장식적인
- □ harm 피해, 손해, 해치다, 손상시키다
- □ whip 채찍, 채찍질하다, 매질하다, 휙 잡아채다, 급히 움직이다

p366

- □ ripple 잔물결, 파문, 잔물결이 일다, 파문을 일으키다
- □ consciousness 의식, 자각
- □ summon 소환하다, 호출하다

❶ It seems I'm always thanking you for something.

늘 신세를 지는 것 같네.

▶ 스티브 로저스가 티찰라에게 늘 신세를 진다고 말한 이유는 〈캡틴 아메리카: 시빌 워〉에서 버키 반즈가 팔이 잘려 나갔을 때 티찰라의 도움을 받았기 때문입니다. 버키는 와칸다에서 신체적, 정신적 재활치료를 받는데요. 이번 전쟁에서도 티찰라에게 도움을 요청해야 하는 상황이기에 스티브가 매번 감사하다, 다시 말해 '매번 신세를 지는 것 같다.'고 말하는 것입니다.

❷ You might want to pick up the pace.

속도를 올리는 게 좋겠어.

▶ pick up the pace는 걸음에 박차를 가해서 속도를 내라는 뜻입니다. 티찰라가 슈리에게 스톤을 비전에게서 분리하는 작업에 조금 더 속도를 내라며 독려하는 장면입니다.

❸ I think you'll find our will equal to yours.

우리의 의지도 네 의지만큼 강하다는 걸 알게 될 거다.

▶ 타노스가 어려운 선택에는 강한 의지가 필요하다고 말하자 닥터 스트레인지가 비꼬듯 대답하는 장면입니다. 이 문장을 직역하면 '우리의 의지도 너의 의지와 같다는 것을 알게 될 것이다.'인데요. 다시 말해 '너(타노스)의 의지가 강한 만큼 우리(어벤져스)의 의지도 강하다.'는 것을 의미합니다.

❹ He had talked a big game and played fancy tricks when they faced off, but he had never harmed Gamora.

그는 말만 그럴듯하게 했고, 그들이 대결했을 때 화려한 속임수로 속이기도 했지만, 절대로 가모라를 해친 적은 없었다.

▶ talk a big game은 경기에 나가면 잘하지도 못할 사람이 말로만 대단한 활약이라도 할 것처럼 얘기하는 것을 나타내는 말입니다. 타노스가 가모라를 얼마나 아끼고 좋아하는지 퀼은 알고 있기에 '설마 딸을 해칠까?'하는 의문을 가진 듯합니다.

📖 원서가 술술 읽히는 단어장

p372

- ☐ **nasty** 끔찍한, 형편없는, (성격이) 못된, 고약한
- ☐ **maul** 쳐부수다, 상처를 입히다, 혹평하다

p374

- ☐ **fall back** 물러나다, 후퇴하다
- ☐ **tear apart** ~을 갈가리 찢어버리다, 분열시키다
- ☐ **stream** 개울, 시내
- ☐ **entrance** 입구, 문, 입장
- ☐ **apparently** 분명히, 명백히, 겉보기에는
- ☐ **throughout** 도처에, 온통, 전부
- ☐ **sever** 자르다, 절단하다, (관계, 연락을) 끊다

p376

- ☐ **overpower** 제압하다, 억누르다, 압도하다
- ☐ **propel** 추진하다, 나아가게 하다, 몰고 가다
- ☐ **crash through** 돌파하다, ~을 뚫고 나가다
- ☐ **goggles** 고글(물, 바람, 먼지 등이 들어가지 않게 얼굴에 밀착되게 쓰는 안경)
- ☐ **palm** 손바닥
- ☐ **bash** 후려치다, 세게 치다, 맹공격하다
- ☐ **intercept** (중간에) 가로막다, 가로채다
- ☐ **shock wave** 충격파, (대사건 등의) 충격, 파문, 여파
- ☐ **arsenal** 무기고

p378

- ☐ **ignite** 점화되다, 불이 붙다
- ☐ **collide** 부딪치다, 충돌하다
- ☐ **rescue** 구출하다, 구하다

- rematch 재시합
- deadly 치명적인, 치사의
- fight somebody to a standstill ～와 다투어 비기다
- ally 동맹국, 협력자
- trench (깊은) 도랑, (전장의) 참호

p380

- bait 미끼, 먹이
- lure 유혹하다, 꾀다, 유인하다
- soar 치솟다, 솟구치다
- splatter (액체가) 튀다, 튀기다
- wipe 닦다, 씻다, 문지르다
- actually 실제로, 정말로, 실은
- parry (공격하는 무기를) 막다, 쳐내다
- hand-to-hand 접전의, 육박한, 직접 건네주는
- outright 전면적인, 완전한, 솔직한, 명백한
- brawling 시끄러운, 떠들썩한, 요란한, 싸움
- brace (넘어지지 않게) 버티다, (몸에) 단단히 힘을 주다
- stump (나무의) 그루터기

p382

- meteor 유성, 별똥별
- ravage ～을 파괴하다, 황폐화하다, 약달하다
- gravitational 중력의
- conscious 의식이 있는
- multitude 수많음, 다수, 군중
- split 나누다, 분열시키다
- identical 동일한, 똑같은
- strike 공격하다, 때리다
- entwine 꼬다, 휘감다, (생각 등을) 혼란시키다
- fool 속이다, 기만하다

83

- ☐ **stun** 기절시키다, 망연자실하게 만들다
- ☐ **dazed** (충격 등으로) 멍한, 아찔해진
- ☐ **artifact** 공예품, 인공물
- ☐ **amulet** 부적
- ☐ **shatter** 산산조각이 나다, 파괴하다
- ☐ **cleverness** 영리함, 빈틈없음, 교묘
- ☐ **harden** (표정이) 굳어지다, 냉혹해지다
- ☐ **fling** 내던지다, 내팽개치다
- ☐ **impossible** 불가능한

- ☐ **curse** 저주하다, 악담하다
- ☐ **haunt** (생각, 감정 등이) 늘 따라다니다, 사로잡히다, 괴롭히다
- ☐ **launcher** (미사일 등의) 발사 장치
- ☐ **inhibit** 억제하다, 저해하다
- ☐ **outmatch** ～보다 뛰어나다, ～을 능가하다
- ☐ **strip** 벗기다, 분해하다
- ☐ **a last ditch effort** 필사적인 노력

- ☐ **brutally** 잔인하게, 짐승처럼, 야만스럽게
- ☐ **humanity** 인류, 인간, 인간성
- ☐ **moan** 신음, 불평, 신음하다, 불평하다
- ☐ **cough** 기침하다

- ☐ **pinch** (손가락으로) 꼬집다
- ☐ **breathe something in** ～을 들이마시다
- ☐ **sole** 유일한, 단 하나의
- ☐ **occupy** (공간을) 차지하다
- ☐ **pant** (숨을) 헐떡이다
- ☐ **muffle** (소리를) 죽이다

☐ **stitch** 바느질하다, 꿰매다, 깁다

☐ **baffle** 당황하다, 도저히 이해할 수 없다
☐ **endgame** 최종 단계, 종반전

이 문장도 짚고 가기!

❶ We got a Vision situation here. 비전에게 문제가 생겼어.

▶ 액션 영화에서 자주 들을 수 있는 표현입니다. 뜻밖의 사건이 터졌을 때 쓸 수 있는 말인데요. 직역하면 '우리는 상황이 있어.'라는 어색한 해석이 되기 때문에 이 문장에서는 a situation을 '나쁜 상황' 혹은 '문제'라고 해석해야 자연스럽습니다.

❷ This suit's already kicked the crap outta the Hulk.

이 슈트로 이미 헐크도 흠씬 두들겨 패 줬었지.

▶ 슈트로 헐크를 두들겨 팼다는 게 무슨 말일까요? 〈어벤져스: 에이지 오브 울트론〉에서 헐크가 도시를 습격하자 토니가 헐크버스터로 그를 제압하는데요. 그 과정에서 헐크가 아주 혼쭐이 납니다. 다시 말해, 이 문장은 막강한 헐크도 무찌를 만큼 강한 헐크버스터로 적들을 거뜬히 해치우겠다는 의미입니다. the crap out of는 '몹시', '흠씬'이라는 뜻입니다.

❸ You throw another moon at me and I'm gonna lose it.

또 내게 달을 던지면 정말 참지 않을 거야.

▶ I'm gonna lose it.은 너무 화가 나서 참지 못할 때 사용할 수 있는 표현입니다. lose it은 '이성을 잃다'라는 뜻인데요. 우리말로 '폭발해버릴 거야', '화를 참지 못할 거야' 정도의 어감을 가지고 있습니다.

❹ This came as a shock to both Tony and Thanos.

이 말은 토니와 타노스 모두에게 충격이었다.

▶ 닥터 스트레인지는 타임 스톤을 지키기 위해 누구든 가차 없이 버릴 수 있다고 냉철하게 말한 적이 있는데요. 우주의 운명이 스톤에 달려있기 때문입니다. 그랬던 그가 순순히 타임 스톤을 타노스에게 내놓자 토니가 충격을 받습니다. 닥터 스트레인지가 끝까지 타임 스톤을 지킬 거라 생각했던 타노스도 아이언맨의 목숨과 스톤을 맞바꾸니 깜짝 놀랐겠죠?

❺ One to go. 하나 남았군.

▶ 타노스의 건틀렛에 6개의 구멍이 나 있는 이유는 인피니티 스톤이 모두 6개이기 때문인데요. 그가 닥터 스트레인지에게 타임 스톤(Time Stone)을 건네받으면서 총 5개의 스톤을 소유하게 되었습니다. 마지막으로 남은 마인드 스톤(Mind Stone)은 지구에 있는 비전에게 있죠? 이제 하나의 스톤만 더 찾으면 된다는 의미로 타노스가 One to go.라는 표현을 사용하였습니다. 숫자만 바꿔서 유용하게 활용이 가능한 문장인데요. 타노스가 찾아야 할 스톤이 2개 남았다면 Two to go.라고 숫자만 바꾸면 됩니다.

❻ We are in the endgame now. 이제 최종 단계에 들어선 거야.

▶ 타임 스톤을 타노스에게 왜 넘겨주었냐는 토니의 질문에 닥터 스트레인지가 한 대답입니다. endgame은 종반부, 마지막 승부, 최종 단계를 의미하는데요. 체스에서 주요 말이 거의 다 사라지고 소수의 말로만 싸우는, 게임의 마지막 단계를 일컫기도 합니다. 마지막 단계에서는 누가 이길지 혹은 무승부일지 아무도 알 수 없죠? 그렇듯 닥터 스트레인지는 타노스에게 패배한 절망적인 상황이 진정한 끝이 아니라 이제부터가 최종 단계라고 토니에게 말하는 것입니다. 닥터가 내다본 14,000,605가지의 미래 중 그들이 승리하는 단 하나의 시나리오의 일부라는 것이죠.

📖 원서가 술술 읽히는 단어장

p398

- □ cleanse 씻다, 세척하다, 제거하다
- □ clearing (숲속의) 빈터

p400

- □ wince 움찔하고 놀라다
- □ alert (위험을) 알리다, 경고하다, 주의하다
- □ incoming 도착하는, 들어오는, 들어옴, 도래
- □ eerily 무시무시하게, 으스스하게, 섬뜩하게
- □ in decades 수십 년 만에
- □ silence 정적, 침묵, 침묵시키다
- □ deafening 귀청이 터질 듯한, 귀가 먹먹한
- □ unearthly 기이한, 섬뜩한
- □ movement 움직임, 행동
- □ smoke 연기
- □ massive 거대한
- □ confirmation 확인
- □ leap 뛰어오르다
- □ pass through 관통하다, ~을 빠져나가다

p402

- □ rush 서두르다, 덤벼들다, 공격하다
- □ toss aside 내던지다
- □ quiver 떨림, 가벼운 전율, 떨리다,
- □ sorrow 슬픔, 비애, 슬퍼하다
- □ halt 멈추다, 서다, 정지하다

p404

- ☐ **nuisance** 골칫거리, 성가심, 성가신 것
- ☐ **grit one's teeth** 이를 악물다, 결연히 ~하다
- ☐ **crack** 금이 가다, 갈라지다, 깨지다
- ☐ **intent on** ~에 열중하는, 몰두하는
- ☐ **barrier** 장벽, 장애물
- ☐ **encouragingly** 격려하듯이

p406

- ☐ **dent** 움푹 들어가다, 파지다
- ☐ **slip through someone's fingers** 사라지다, 빠져나가다, (사람)에게서 도망치다
- ☐ **wash over somebody** (거세게) 밀려오다, 엄습하다, ~을 스쳐가다
- ☐ **ashen** (보통 사람 얼굴이) 잿빛인
- ☐ **flare** 확 타오르다, 치솟다
- ☐ **mourn** (사람의 죽음을) 슬퍼하다, 애도하다

p408

- ☐ **reverse** 거꾸로 하다, 뒤집다
- ☐ **declaration** 선언, 발표, 맹세
- ☐ **limp** 축 늘어진, 기운이 없는
- ☐ **bezel** (반지의 보석 따위를 끼우는) 홈
- ☐ **vacant** 비어 있는, 빈, 공허한
- ☐ **cosmic** 우주의, 어마어마한, 장대한
- ☐ **course** 진행, 진로, 방침, (액체가) 빠르게 흐르다, 순환하다
- ☐ **bellow** 고함지르다, 울부짖다
- ☐ **dissipate** 소멸하다, (슬픔, 공포 등을) 없애다

p410

- ☐ **pulsate** 진동하다, 고동치다, 두근거리다
- ☐ **unison** 조화, 화합, 일치
- ☐ **transfix** (두려움, 경악 등으로) 얼어붙게 만들다
- ☐ **embed** (단단히) 박다, 끼워 넣다

- ☐ **dull** 따분한, 재미없는, 흐릿한, 무딘, 둔탁한
- ☐ **privy to** ~에 접근할 수 있는

p412

- ☐ **grin** (소리 없이) 활짝 웃음, 크게 웃다, 싱긋 웃다
- ☐ **drift** (물, 공기에) 표류하다, 떠돌다, (서서히) 이동하다
- ☐ **snap back** (병 따위에서) 빨리 회복하다, 튀어 돌아오다, 말대꾸하다

p414

- ☐ **inhabitant** 주민, 거주자
- ☐ **existence** 존재, 실재, 현존, 생존
- ☐ **spot** 자리, 장소
- ☐ **warrior** 전사
- ☐ **general** 장군, 일반적인, 보통의
- ☐ **frantically** 미친 듯이

p416

- ☐ **weakly** 힘없이, 병약한, 허약한
- ☐ **nearby** 인근의, 가까운, 가까운 곳의
- ☐ **utter** 완전한, 순전한, (말을) 하다
- ☐ **make sure** 확인하다, 확실히 하다

p418

- ☐ **fight back tears** 눈물을 참다
- ☐ **decay** 부패하다, 썩다, 쇠퇴하다
- ☐ **ray** 광선, 빛살
- ☐ **for the first time** 처음으로
- ☐ **genuinely** 진정으로, 성실하게

❶ Thanos was surprised someone actually landed a blow.

타노스는 누군가가 실제로 타격을 해서 놀랐다.

▶ 주먹으로 때리는 것을 land a blow라고 하는데요. 범접할 수 없을 정도로 막강해진 자신을 누군가가 '실제로' 때렸다는 것에 타노스가 놀라는 장면입니다. 타노스를 타격한 사람은 바로 '스티브 로저스'였죠?

❷ "I understand, my child," came Thanos' voice as he approached. "Better than anyone."

"이해한다, 내 아이야." 타노스가 다가오자 그의 목소리가 들렸다. "누구보다도 더."

▶ 마지막 남은 스톤을 타노스에게 빼앗기지 않기 위해 완다는 비전의 마인드 스톤을 산산조각 냅니다. 사랑하는 연인(비전)을 잃고 슬퍼하는 완다에게 타노스는 그녀를 이해한다고 말하는데요. 그 이유는 타노스 자신도 소울 스톤을 얻기 위해 사랑하는 딸(가모라)을 죽였기 때문입니다.

에필로그

📖 **원서가 술술 읽히는 단어장**

p424

- ☐ **absolute** 완전한, 완벽한
- ☐ **chaos** 혼돈, 혼란
- ☐ **screech** 끽 소리를 내다, 비명을 지르다
- ☐ **satellite** (천문) 위성, 인공위성
- ☐ **hemisphere** (지구의) 반구

p426

- ☐ **hop out of** ~에서 깡충 뛰어 내려오다
- ☐ **old school** 구식의, 전통적인
- ☐ **era** 시대, 시기, 연대
- ☐ **pager** 무선 호출기
- ☐ **sequence** 연속적인 사건들(숫자들, 행동들)
- ☐ **digit** 숫자
- ☐ **flash** 비치다, 신호를 보내다, (화면에) 휙 나타나다
- ☐ **insignia** (계급, 소속 등을 나타내는) 휘장, 훈장
- ☐ **absolutely** 전적으로, 틀림없이
- ☐ **receive** 받다, (전파를) 수신하다

❶ Nick took out an old-school 1990s-era pager and punched in a sequence of digits just as he saw his own hand start to blip out. 닉은 1990년대 구식 호출기를 꺼내 연속적인 숫자를 눌렀고 바로 그때 자신의 손이 사라지기 시작하는 것을 보았다.

> ▶ 여섯 개의 인피니티 스톤을 모두 모은 타노스가 손가락을 튕겨 인구의 절반이 사라집니다. 그리고 닉 퓨리도 그중 한 명이 되었습니다. 이 장면에 나오는 호출기는 캡틴 마블이 자신이 지구로 귀환해야 할 정도로 큰일이 일어났을 때만 쓰길 당부하며 퓨리에게 주고 간 것인데요. 퓨리는 사람들이 먼지가 되어 사라지는 모습을 보고 급히 캡틴 마블을 호출합니다.

❷ On the display was a red, blue and yellow insignia.
화면에는 빨간색과 파란색, 노란색 휘장이 있었다.

> ▶ 호출기 화면에 뜬 빨간색, 파란색, 노란색 휘장은 캡틴 마블의 심볼 마크인데요. 닉 퓨리가 캡틴 마블을 호출했다는 것을 알리는 문장입니다.